AF728072

BIBLIOTHEQUE ROYALE

LA REINE D'UN JOUR

OPÉRA-COMIQUE EN TROIS ACTES,

PAROLES DE MM. SCRIBE ET DE SAINT-GEORGES,

MUSIQUE DE M. ADOLPHE ADAM.

Représenté pour la première fois, sur le théâtre royal de l'Opéra-Comique, le 19 septembre 1839.

DISTRIBUTION DE LA PIÈCE:

LE COMTE D'ELVAS, seigneur portugais	MM. MOCKER.
MARCEL, matelot de marine marchande	MASSET.
TRIM TRUMBELL, tavernier à Brigthon, oncle de Simonne	GRIGNON.
UN SHÉRIF	VICTOR.
LADY PEKINBROOK, noble dame de Brigthon, attachée aux Stuarts	Mmes BOULANGER.
FRANCINE, marchande de modes française	J. COLON-LEPLUS.
SIMONNE, cabaretière	BERTHAULT.

SOLDATS DE CROMWELL, SOLDATS ROYALISTES, MATELOTS, MARCHANDES DE MODES, UN CONSTABLE, SEIGNEURS ET DAMES DU COMTÉ.

La scène se passe dans le mois de mai 1660.
Le premier acte, à Calais; le deuxième et le troisième, à Brigthon.

ACTE PREMIER.

Le théâtre représente un quai de la ville de Calais. A droite du spectateur, la boutique d'une marchande de modes. A gauche, celle d'un cabaretier.

SCÈNE I.

FRANCINE, en habit de voyage; D'ELVAS, costume d'officier de marine.

D'ELVAS, donnant le bras à Francine.

Sur la place, m'avez-vous dit?.. Nous y voilà.. D'ici vous apercevez le port et la jetée.

FRANCINE.

Mon Dieu! monsieur, je ne sais comment vous remercier de votre galanterie... moi qui suis étrangère, qui ne connais personne en ce pays... et qui arrive en tremblant...

D'ELVAS.

Ah! vous n'êtes jamais venue dans la ville de Calais?

FRANCINE.

Je descends à l'instant de la voiture publique... et j'ignore qui a pu m'attirer vos regards et vos offres de services...

D'ELVAS.

Vous êtes trop modeste... D'autres vous diraient qu'il a suffi de vous voir... moi, qui suis marin et la franchise même, je vous avouerai que, dans la cour où j'étais à me promener, là seule chose qui ait fixé mon attention, c'est vo-

La mise en scène exacte de cet ouvrage, transcrite par M. L. Palianti, fait partie de la collection des mises en scène publiées par le journal *La Revue et Gazette des Théâtres*, rue Sainte-Anne, 55.

Yth 9618

tre nom... On a appelé parmi les voyageuses Francine Camusat !... A cette dénomination j'ai levé les yeux, et j'ai vu sortir de la voiture un pied charmant, une jambe fine et gracieuse !...

FRANCINE.

Monsieur !...

D'ELVAS.

Appartenant à une fort jolie personne qui, d'un air timide, demandait aux habitants de Calais : Pourriez-vous m'indiquer madame Benjamin, marchande de modes, sur la place... Je me suis avancé, j'ai offert mon bras, que vous avez accepté... Et vous voici à votre destination, car j'ai cru distinguer sur cette enseigne : Madame Benjamin, marchande de modes, *Aux Nœuds galants.*

FRANCINE.

Aux nœud galants... c'est bien cela !... Je vais occuper chez elle la place de première demoiselle de boutique. Francine Camusat !...

D'ELVAS.

Je connais !...

FRANCINE.

Marchande de modes, qui a fait ses études à Paris et à Rouen.

D'ELVAS.

Et qui ne peut manquer de briller au premier rang dans la ville de Calais.

FRANCINE.

La boutique est encore fermée... il est de si bon matin !... Mais je vais frapper...

D'ELVAS.

Je vous éviterai cette peine.

(Il frappe plusieurs fois.)

FRANCINE.

On ne répond pas ; c'est étonnant !... On pourrait s'adresser, pour savoir, à quelque voisin ou à quelque voisine... ce serait plus sûr... En voici justement une qui rentre dans sa boutique... Je vais lui demander... (appelant Simonne qui traverse le théâtre.) Mademoiselle !...

SCÈNE II.

LES PRÉCÉDENTS, SIMONNE.

SIMONNE, prête à rentrer chez elle et s'arrêtant.

Ah ! des étrangers à la porte de madame Benjamin... (s'avançant.) Monsieur et madame voudraient entrer ?... Monsieur désirerait quelque parure pour madame ?... C'est d'un bon mari...

FRANCINE.

Monsieur n'est pas mon mari !...

SIMONNE, vivement.

Vous n'êtes pas mariés ?... C'est égal !... cela n'empêche pas...

FRANCINE, avec impatience.

Eh ! non, ma chère... Première demoiselle de boutique chez madame Benjamin...

SIMONNE.

C'est vrai !... ces dames en attendaient une... et vous serez la bien reçue.

FRANCINE.

Ça n'en a pas trop l'air, puisqu'on nous laisse à la porte !

SIMONNE.

C'est juste !... La boutique n'ouvre jamais avant neuf heures... c'est grand genre... Vous y serez à merveille !... Les marchandes comme il faut se lèvent tard, comme les grandes dames leurs pratiques... Ce n'est pas comme chez nous... Simonne, la servante de ce cabaret, *à la Grande Pinte*, où l'on reçoit la meilleure société de Calais, en matelots et soldats de marine... Je n'ose pas vous proposer d'entrer...

FRANCINE.

Vous êtes trop bonne.

SIMONNE.

Vous ne feriez peut-être pas mal... car ici vous risquez d'attendre... Il y avait bal hier soir... ces demoiselles dansent beaucoup !...

FRANCINE, vivement.

Il y avait bal ?

SIMONNE.

Et ce soir encore... trois jours de suite ; c'est fête en mémoire du siége de Calais... par Eustache de Saint-Pierre... non, à cause de saint Eustache... Vous devez connaître cette histoire-là ?... une histoire nationale, comme ils disent... Tant il y a que madame Benjamin et ses demoiselles ont dansé hier, par esprit national, une partie de la nuit, et qu'elles se lèveront encore plus tard que d'ordinaire, pour se reposer et recommencer ce soir... Mais, pardon !... je rentre du marché... et on m'attend chez nous.

FRANCINE.

Que nous ne vous retenions pas !

SIMONNE.

J'ai bien l'honneur de saluer monsieur et mademoiselle... (à part.) Elle est gentille la petite marchande de modes !... Et puis, cet officier-là n'est pas un Français, c'est quelque étranger... Je comprends !... Du reste, ça ne me regarde pas ! (haut.) Monsieur et mademoiselle...

(Elle salue encore et rentre dans sa boutique.)

SCÈNE III.

D'ELVAS, FRANCINE.

FRANCINE.

Eh bien ! je vais demeurer en face d'une fameuse bavarde !... Je ne conçois pas qu'il y ait des femmes qui causent ainsi de leurs affaires avec le premier venu... et si je l'en crois, j'ai encore une bonne heure à attendre... C'est gai !.. à huit heures du matin au milieu de la rue !...

D'ELVAS.

Heureusement il ne passe encore personne!...

FRANCINE, allant s'asseoir sur une chaise, près du cabaret.

C'est égal!.. une femme seule.. car je n'ose retenir monsieur plus longtemps!..

D'ELVAS, à part.

C'est-à-dire qu'il faut que je reste... (s'asseyant auprès d'elle; haut.) Ne suis-je pas votre chevalier reconnu?... ne suis-je pas à vos ordres?... Et à moins que mon bonheur n'excite quelque jalousie...

FRANCINE.

En aucune façon, monsieur; je n'ai de comptes à rendre à personne... je suis libre, ou à peu près.

D'ELVAS.

A peu près?

FRANCINE.

Oui, monsieur. C'est une existence si singulière que la mienne!... Je n'ai jamais connu les auteurs de mes jours; ce qui fait qu'à Rouen, parmi ces demoiselles de comptoir, on s'est permis de présumer que j'étais bâtarde... (vivement.) orpheline, monsieur! je vous prie de le croire... Donc, j'étais à Rouen, ville marchande, capitale de la Normandie, élevée dans le commerce, dans la rue Grand-Pont, un magasin qui fait le coin, où j'avais des amoureux, je puis le dire, distingués et nombreux... mais des principes plus nombreux encore; car j'ai refusé toutes les propositions.

D'ELVAS.

Même de mariage?

FRANCINE.

Oui, monsieur; non par fierté, par indifférence,.. mais par raison. Celui que j'aimais, ou que j'aurais aimé, n'avait rien... ni moi non plus.

D'ELVAS.

Je comprends.

FRANCINE.

Moi, j'ai des idées de grandeur et d'ambition; je rêvais encore cette nuit, en voiture, que j'étais grande dame et millionnaire... pour lui, monsieur, toujours pour lui; car nous nous sommes promis mutuellement de faire fortune... et moi, j'ai l'habitude de tenir toutes mes promesses...

D'ELVAS.

C'est admirable!

FRANCINE.

Pour lors, et dans ce moment-là, vint un jour au magasin une milady, une Anglaise, la duchesse de Salisbury...

D'ELVAS.

De Salisbury?

FRANCINE.

Vous la connaissez?

D'ELVAS.

Fort peu.

FRANCINE.

Qui, charmée de mon goût, de mon intelligence dans la manière de composer les nœuds et les poufs, me dit : « Petite, je t'emmène avec moi en Hollande. » J'acceptai dans l'espoir d'une fortune et me croyant déjà dame de compagnie de la duchesse... Point du tout, monsieur, femme de chambre, pas davantage; et de plus une maîtresse si bizarre : toujours des secrets, des mystères... pas pour des amoureux : madame n'en avait pas; mais de vieux seigneurs, des Anglais qui arrivaient en cachette et repartaient de même; et il ne fallait rien dire!

D'ELVAS, souriant.

On devait alors vous payer double?

FRANCINE.

Non, monsieur; et ce qu'il y a de bien plus terrible, madame défendait qu'on écrivît, et j'ai appris plus tard qu'elle avait supprimé toutes mes lettres..

D'ELVAS.

Pour être plus sûre de votre discrétion.

FRANCINE.

Probablement!... Mais moi qui avais, comme je vous l'ai dit, une inclination; qu'aura-t-il pensé de ma constance?.. C'est très désagréable! Aussi je n'ai pas voulu rester plus longtemps dans une pareille maison; j'ai demandé à retourner en France, et milady, qui me voyait partir avec regret, me dit : « Allez à Calais, chez madame Benjamin, marchande de modes, qui à ma recommandation vous donnera une place chez elle; vous y resterez jusqu'à ce que se présente à vous un monsieur de mes amis intimes, en qui vous pourrez avoir toute confiance; vous le reconnaîtrez à ce florin de Hollande brisé par la moitié... en voici l'une et il vous montrera l'autre. » Je l'ai pris, j'arrive et j'attends... C'est bien étonnant, n'est-ce pas?.. Aussi je ne crois pas que ce monsieur se présente.

D'ELVAS, lui présentant le florin brisé.

Si vraiment; car voici l'autre moitié.

FRANCINE, stupéfaite.

Ah! mon Dieu! l'autre moitié!... Qu'est-ce que cela veut dire?

D'ELVAS.

Que la voisine Simonne aura en face d'elle une jeune personne qui cause avec une grande facilité et un charme extrême.

FRANCINE.

Quoi! monsieur, c'est vous?

D'ELVAS.

Heureusement! car ce que vous m'avez dit, à moi qui le savais, vous pouviez également l'apprendre à tout autre... Cela ne vous arrivera plus, j'en suis persuadé. Mais vous pensez bien que nous aurons à parler ensemble..

FRANCINE, voyant une modiste ouvrir les volets de madame Benjamin.

Pardon, monsieur; la boutique s'ouvre.

D'ELVAS.

Je ne veux pas vous empêcher de vous présenter à madame Benjamin.... A quelle heure oserai-je aujourd'hui vous demander un instant d'entretien?

FRANCINE.

Mais, à deux heures, après le dîner; c'est d'ordinaire, dans le commerce, le moment où l'on est libre.

D'ELVAS.

Je serai exact au rendez-vous.

(Il salue Francine respectueusement.)

FRANCINE, à part.

Par exemple! voilà une aventure!... et à moins que ce ne soit... Mais non!... ce n'est pas possible!... (haut.) Monsieur, je suis bien votre servante.

(Elle entre dans la boutique.)

SCÈNE IV.

D'ELVAS, seul.

C'est bien cela: jeune, gentille, agréable... de plus, belle parleuse, un amour au cœur... et des idées de fortune en tête, le désir de parvenir. C'est justement ce qu'il nous faut, et nous ne pouvions mieux trouver... reste à savoir maintenant si je pourrai... (regardant au fond, à gauche.) Mais qui vient de côté?... des matelots... Laissons-leur la place, et retournons vers les miens pour tout disposer.

(Il sort.)

SCÈNE V.

MARCEL et LES MATELOTS.

LE CHŒUR.

Au cabaret, marins joyeux,
Allons, allons choquer le verre,
C'est bien assez de l'onde amère
Quand on est entre elle et les cieux!
Mais sur la terre
Le matelot
Toujours préfère
Un autre flot.
C'est celui qui coule,
Qui roule
Et s'écoule,
C'est celui qui coule
Dans le gobelet
Du cabaret!

MARCEL, aux matelots.

Compagnons, avec vous de nouveau je m'engage!
Et, quoique mon temps soit fini,
Je redeviens marin, et dans votre équipage
Vous comptez de plus un ami!

TOUS.

Vive Marcel!... notre nouvel ami!
Il va payer sa bienvenue.

MARCEL, leur montrant le cabaret.

Allez, allez... c'est chose convenue!

TOUS.

Nous boirons tous en ton honneur
Et du plus vieux et du meilleur!...

(Reprise à Marcel.)

A ta santé!... Marins joyeux,
Allons, allons choquer le verre,
C'est bien assez de l'onde, etc., etc.

(Ils entrent dans le cabaret de Simonne.)

SCÈNE VI.

MARCEL, seul.

AIR.

Les braves gens, qu'ils sont heureux!
Le bon vin est leur bien suprême;
Que je voudrais l'aimer de même
Et tout oublier avec eux!
Mais hélas! et malgré mes vœux...

CABALETTA.

Une douce image
Toujours me poursuit!
Et comme un nuage
M'approche et me fuit!
Et pourtant la belle
Que j'adore ainsi
N'est qu'une infidèle
Par qui je suis trahi!
On m'avait dit: C'est dans l'ivresse
Qu'on peut oublier tous ses maux!
La bouteille est une maîtresse
Qui ne trouble pas le repos!
A ce remède un jour fidèle,
Je fis un repas merveilleux;
Puis je dormis et rêvai d'elle
Pour m'éveiller plus amoureux!
Mais c'en est fait, puisque dans cette vie
D'un tel amour rien ne me guérira,
Peut-être une balle ennemie
Me rendra ce service-là!...
Ouvrons la voile;
Courons en mer,
Comme une étoile
Traversant l'air.
Mais le flot s'ouvre,
Et tout d'abord,
Mon œil découvre
Un sombre bord.
A l'abordage!
C'est l'ennemi!
Sang et carnage!
Tout a frémi!
L'airain résonne,
Le tambour bat,
Le canon tonne!
C'est le combat!
C'est le combat, terme de ma souffrance
Je l'attends... Grâce à lui tous mes maux vont finir!
Pourquoi vivre sans espérance
Quand avec gloire on peut mourir?

SCÈNE VII.

MARCEL, SIMONNE, sortant du cabaret.

SIMONNE, à part.

Qu'est-ce que je viens d'apprendre, monsieur Marcel?... qu'est-ce que ça signifie? Ces matelots, qui sont là à boire, prétendent que vous allez vous engager de nouveau et partir avec eux comme militaire.

MARCEL.

Eh bien! quand ça serait?

SIMONNE.

Vous qui depuis dix ans servez dans la marine marchande, vous qui vouliez vous retirer... aller se battre... s'exposer à être tué!

MARCEL.

Je ne suis bon qu'à ça.

SIMONNE.

Pas du tout! Vous êtes très aimable et très gentil!

MARCEL.

Non, mam'selle... Je me connais... je suis gauche, embarrassé et ne sachant rien à terre... Sur mon bord, c'est autre chose... Mais sorti de là, je ne suis plus à mon aise ni avec vous, ni avec personne... C'est-à-dire... si!... il y en avait une...

SIMONNE, vivement.

Il y avait une personne?

MARCEL.

Qui n'était que trop jolie... et que j'ai connue.

SIMONNE, de même.

Ici?

MARCEL.

Non... à Rouen, où j'allais tous les mois sur nos vaisseaux marchands porter ou prendre des chargements.

SIMONNE.

Et vous l'aimiez?

MARCEL.

Solidement! J'avais là sur le cœur un poids!...

SIMONNE.

Et elle?

MARCEL.

Légère comme le vent!

SIMONNE.

Elle ne vous aimait pas?

MARCEL.

Si fait!... elle le disait... mais pendant que je lui parlais de mon amour, je la voyais souvent qui ne m'écoutait plus... elle suivait des yeux un bel équipage qui venait de passer... ou bien quand je lui demandais: Quand donc que nous nous marierons?... elle s'écriait: « Ah! le joli collier, les belles boucles d'oreilles! » Et elle était devant la boutique d'un joaillier à admirer des bijoux avec lesquels, par malheur, je n'avais aucun rapport.

SIMONNE.

Pauvre garçon!

MARCEL.

Ah! ce n'est rien encore... Un jour nous venions de Bordeaux à Rouen, avec *le Roi d'Ivetot*, un vaisseau chargé de vin de Médoc... A peine débarqué, je cours rue Grand-Pont, au magasin où d'ordinaire elle était contre les carreaux à contempler les passants plutôt que son ouvrage... Je ne la vois plus... Partie!... disparue en mon absence!

SIMONNE.

Ah! mon Dieu!

MARCEL.

Pour la Hollande, à ce qu'on m'a dit.

SIMONNE.

Voyez-vous ça!

MARCEL.

Avec quelque séducteur, sans doute.

SIMONNE.

C'est affreux!

MARCEL.

Car depuis elle ne m'a pas écrit une seule fois... Un oubli total.

SIMONNE.

Tant mieux! une pareille femme n'était pas digne de vous... et c'est ce qui pouvait vous arriver de plus heureux.

MARCEL.

C'est vrai... et pourtant, rien ne peut me consoler de ce bonheur-là... je suis venu ici, avec *la Ville-de Rouen*, un trois-mâts chargé de mercerie, rouennerie et bonnets de coton pour les bourgeois de Calais.

SIMONNE.

Qui en usent beaucoup.

MARCEL.

C'est ce qu'il m'a semblé... La ville me paraissait bonne; on y dort tranquille... et je voulais m'y fixer..

SIMONNE.

Et renoncer décidément à l'eau.

MARCEL.

Aussi je venais tous les jours dans votre cabaret.

SIMONNE.

Depuis quinze jours, avec une assiduité qui m'avait donné des idées.

MARCEL.

C'était pour tâcher d'oublier l'autre.

SIMONNE.

J'ai cru que c'était pour penser à une nouvelle?

MARCEL, vivement.

Ah! je le voi [illegible] !... je voudrais rencontrer quelqu'un qui [illegible] seulement attention à moi; mais de ce côté-là il n'y a pas de chance, et se faire tuer, voyez-vous, est encore le meilleur moyen de se consoler!

SIMONNE.

Il y en a un autre.

MARCEL.

Vraiment?... Contez-moi donc ça?

SIMONNE.

Tenez, monsieur Marcel, moi, je suis franche. Lisez cette lettre, elle vous dira tout!

MARCEL.

Une lettre!

SIMONNE.

De Trim Trumbell, un oncle que j'ai en Angleterre; il a été autrefois dans les Têtes-Rondes, dans les soldats de Cromwell, mais maintenant il est honnête homme et tient une taverne à Brigthon... Lisez ce qu'il m'écrit... une lettre bien singulière, qui vous étonnera d'abord...

MARCEL, tenant la lettre à la main, regarde du côté de la maison à droite, et voit Francine qui ouvre un volet. Il pousse un cri.

Ah! mon Dieu!

SIMONNE, le regardant.

Eh bien! ça commence déjà?... et vous n'avez lu que l'adresse?... Achevez, achevez; je reviendrai tout à l'heure savoir votre réponse... (le regardant.) Pauvre garçon! il faut qu'il se doute de quelque chose, car il a déjà un air tout ému et tout bouleversé... Adieu, monsieur Marcel; je vous laisse le temps... Lisez, et réfléchissez!

(Elle entre dans le cabaret.)

SCÈNE VIII.

MARCEL, seul, puis FRANCINE.

MARCEL, serrant la lettre dans sa poche sans la lire.

Ce n'est pas possible!... c'est une vision qui m'est apparue à cette fenêtre!... Allons!... allons! je perds la tête... (voyant sortir Francine de la maison.) Non!... non!

RÉCITATIF.

MARCEL.

Je ne m'abuse pas... C'est elle, je la vois,
Cette infidèle!...

FRANCINE, surprise.

Infidèle!... qui?... moi?...

DUO.

MARCEL.

J'avais juré de la maudire,
De l'accabler à son retour.
Je la vois... ma colère expire...
Et tout s'oublie, hors mon amour!
Dis-moi, pourquoi donc cette absence?...

FRANCINE.

Pour assurer notre bonheur
On m'offrait de quitter la France...

MARCEL.

Ah! c'était quelque séducteur!...

FRANCINE.

Une dame... une grande dame!...

MARCEL.

Ce n'était pas un amoureux!...

FRANCINE.

Non vraiment! foi d'honnête femme!...

MARCEL.

J'en crois ton cœur, j'en crois tes yeux!
Nos cœurs pensent toujours de même,
Nous pouvons nous unir tous deux!

FRANCINE.

Un instant... car j'ai mon système
Qui fait les ménages heureux!
Avant de parler mariage,
Dis-moi, ton sort a-t-il changé?...

MARCEL.

Je n'ai rien!...

FRANCINE.

Moi, pas davantage!

MARCEL.

Qu'importe? avec l'amour que j'ai!...
Pour moi, le luxe et la parure
Ne valent pas franche amitié...
Souvent l'ennui roule en voiture
Et les amours s'en vont à pié!

FRANCINE.

Crois-moi, le luxe et la parure
Ne nuisent pas à l'amitié;
On peut bien s'aimer en voiture,
Souvent l'on se dispute à pié!

MARCEL.

Eh! quoi, l'amour et son ivresse...

FRANCINE.

Ne durent, dit-on, qu'un matin.

MARCEL.

Et lorsque l'on vit de tendresse...

FRANCINE.

On peut souvent mourir de faim!

ENSEMBLE.

FRANCINE.

L'amour et la richesse
Donnent seuls de beaux jours!
Quand paraît la détresse
S'envolent les amours!

MARCEL.

C'est la seule tendresse
Qui donne les beaux jours!
Pour braver la détresse
Il suffit des amours!

FRANCINE.

Toujours fidèle et vertueuse,
Je n'aime et n'aimerai que toi!...
Mais ici-bas, pour être heureuse...

MARCEL.

Que te faut-il?...

FRANCINE.

Écoute-moi.

CAVATINE.

PREMIER COUPLET.

Il me faut les chevaux,
Les jockeis les plus beaux!
Des bijoux, des dentelles
Et des robes nouvelles!
C'est l'éclat, c'est le bruit,
Qui me plaît, me séduit.

« Faites-donc approcher
Mes laquais, mon cocher! »
Oui, voilà pour mon cœur,
Voilà le vrai bonheur!

DEUXIÈME COUPLET.

La gêne et la détresse
D'effroi me font pâlir!
Il faut vivre en duchesse
Ou bien il faut mourir!..
J'ai l'âme ambitieuse
Pour toi, mon seul amant!
Car, si j'étais heureuse,
Ah! je t'aimerais tant!
Oui, l'éclat, l'opulence
Redoublent ma constance...
Mais sans ça, vois-tu bien,
Je ne réponds de rien!..
Il me faut les chevaux,
Les jockeis les plus beaux!
Des bijoux, des dentelles, etc.

MARCEL, tristement.

Mais moi qui n'ai ni chevaux ni cocher,
Cela me dit assez...

FRANCINE.

Qu'il faut te dépêcher.
Le premier de nous deux qui fera sa fortune
Préviendra l'autre, et puis l'épousera.

MARCEL.

Non pas.
Je vois la vérité; dites plutôt, hélas!
Que mon amour vous importune.

FRANCINE.

Qui? moi!

MARCEL.

Vous préférez quelque grand seigneur.

FRANCINE.

Moi?

MARCEL.

Vous l'aimez.

FRANCINE.

Quelle horreur!

MARCEL.

Vous l'aimez, je le voi.

FRANCINE.

Vous le mériteriez, vous.

MARCEL.

Moi!

FRANCINE.

Vous.

MARCEL.

Moi?

ENSEMBLE.

MARCEL, avec colère.

J'apprends à connaître
Ce cœur faux et traître
Qui rêve peut-être
A d'autres amours.
Parjure! traîtresse
C'est trop de faiblesse;
Non, plus de tendresse.
Adieu, pour toujours!

FRANCINE, avec dépit.

Vous êtes le maître!
Et pour moi, peut-être,
Bientôt vont renaître
De plus heureux jours.
C'est trop de faiblesse;
Non, plus de tendresse;
Puisqu'il me délaisse,
Adieu, pour toujours!

FRANCINE.

Qu'ai-je dit?... Vous le voyez bien,
Si vous ni moi nous n'avons rien,
Et déjà, dans notre ménage,
Voyez quel bruit et quel tapage!
Des richards ne feraient pas mieux.

MARCEL.

J'ai le droit d'être furieux!

REPRISE DE L'ENSEMBLE.

MARCEL.

J'apprends à connaître, etc.

FRANCINE.

Vous êtes le maître, etc.

SCÈNE IX.

LES MÊMES, SIMONNE, sortant du cabaret.

SIMONNE, s'approchant de Marcel.

Eh bien!.. (apercevant Francine.) Êtes-vous installée? êtes-vous contente?

MARCEL, bas à Simonne.

Vous la connaissez?

SIMONNE.

Beaucoup!... une marchande de modes... ici en face... arrivée avec un officier de marine qui ne la quitte pas!

MARCEL, à part, avec dépit.

Là!... quand je le disais!

SIMONNE.

Un officier étranger, écharpe blanche et verte. (à Marcel.) Avez-vous lu?

MARCEL.

Quoi donc?

SIMONNE.

Cette lettre!

MARCEL.

La lettre de votre oncle?

SIMONNE.

Et qu'est-ce que vous en dites?

MARCEL.

Que c'est très bien!... très bien, à votre oncle!

SIMONNE.

J'étais sûre que ça vous conviendrait... et je cours l'en prévenir; car, ainsi qu'il l'annonçait dans sa lettre, il vient d'arriver par le paquebot d'aujourd'hui!

MARCEL.

Votre oncle?

SIMONNE.

Oui; il vient nous chercher, et je vais au-devant de lui!

(Elle sort en courant.)

SCÈNE X.

FRANCINE, MARCEL.

MARCEL, stupéfait.

Comment! il vient nous chercher! Qu'est-ce que ça veut dire?

FRANCINE.

Je vois que monsieur est admis dans les secrets de cette jeune fille!

MARCEL.

J'ai là une lettre que son oncle lui écrit.

FRANCINE.

Monsieur connaît la famille?

MARCEL.

Certainement!.. (à part.) Je vais me dépêcher de faire connaissance.. (Il lit.) « Ma chère Simonne, j'ai l'agrément d'être veuf et le chagrin de ne pas avoir d'enfants... J'ai la plus belle taverne de Brigthon, et personne pour la tenir, ce qui me cause un notable dommage. Et alors, dans ma tendresse, j'ai pensé à toi. »

FRANCINE, d'un ton railleur.

C'est d'un bon oncle!

MARCEL, continuant.

« Quoique ta mère Brigitte Trumbell ait épousé un Français, tu n'en es pas moins de mon sang, et mon intention est de te donner ma fortune après moi, et un mari sur-le-champ... vu que ça me sera très utile dans mon commerce. »

FRANCINE, de même.

C'est touchant!

MARCEL, continuant.

« Je vais donc t'en chercher de mon côté, mais je ne t'empêche pas d'en choisir un du tien... Fût-ce même en France, si tu crois que dans ce pays-là ils soient d'une meilleure qualité qu'en Angleterre... Tu me parles dans ta dernière d'un marin nommé Marcel... » (à part, regardant Francine qui affecte d'être tranquille.) Ça ne lui fait rien!... (continuant.) « Si ça te convient et à lui aussi, j'ai un petit voyage à faire à Calais... J'y serai par le paquebot de samedi... » (regardant Francine.) Aujourd'hui! (à part.) Elle ne dit mot!...(lisant.) « J'irai vous chercher, toi et ton prétendu... »

FRANCINE, vivement et à part.

Ton prétendu!

MARCEL, continuant.

« Et vous ramènerai avec moi à Brigthon, avec le paquebot de retour... » (à Francine, lui montrant la lettre.) Vous voyez, mam'selle, que si on voulait..

FRANCINE, avec dépit.

On ne vous en empêche pas!

MARCEL.

Ah! vous m'y engagez?

FRANCINE, avec ironie.

Certainement!..... neveu d'un cabaretier à Brigthon?... c'est beau, c'est enivrant!... et je vais tâcher de mon côté de trouver quelque parti aussi élevé!

MARCEL.

Ça n'est pas ça qui vous embarrasse! et votre choix est déjà fait!

FRANCINE.

Pas encore!... mais, ne fût-ce que par vengeance..

MARCEL, apercevant d'Elvas, à part.

C'est lui!.. le voilà... Un officier... un seigneur portugais!

SCÈNE XI.

LES MÊMES, D'ELVAS.

D'ELVAS, à Francine.

Me voici exact au rendez-vous!

MARCEL, avec colère.

Au rendez-vous!.. Et j'hésiterais encore!... Adieu, mam'selle.. mon parti est pris... je vais où l'on m'attend!

FRANCINE, vivement.

Si vous vous en avisez .. si vous sortez...

MARCEL.

A l'instant même, car je ne veux pas vous gêner... Adieu, mam'selle!

(Il sort.)

SCÈNE XII.

D'ELVAS, FRANCINE.

D'ELVAS, étonné.

Eh! mais, qu'y a-t-il donc?

FRANCINE.

Ce qu'il y a, monsieur?... celui dont je vous parlais ce matin, que j'ai retrouvé ici à Calais!

D'ELVAS.

Cet amoureux que vous ne vouliez pas épouser par excès d'amour et par manque de fortune?

FRANCINE.

Lui-même! Et je ne vous cache pas qu'il est furieux, qu'il a des idées contre vous!...

D'ELVAS, froidement.

Contre moi?... Il a grand tort.

FRANCINE.

Comment! il a grand tort?...

D'ELVAS.

Et la preuve, c'est que je suis enchanté qu'il vous aime et que vous l'aimiez... Cela ne s'oppose nullement à mes vues.

FRANCINE, vivement.

Vous aviez donc des vues?..

D'ELVAS, froidement.

Oui, mademoiselle, j'en ai.

FRANCINE.

Et lesquelles?...

D'ELVAS.

De vous marier avec lui... J'ignore son nom, ce qui n'est pas nécessaire... du moins pour moi!..

FRANCINE.

Et comment cela, s'il vous plaît?

D'ELVAS.

En vous donnant une dot de soixante mille livres tournois.

FRANCINE, avec étonnement.

A moi?.. Francine Camusat!...

D'ELVAS.

Même plus.., c'est possible!..

FRANCINE.

O ciel!.. Achevez, monsieur.. expliquez-vous.. car je crains de vous entendre... et les vues dont vous parliez tout à l'heure..

D'ELVAS.

Sont les plus innocentes du monde.

FRANCINE.

Mais cette dot?

D'ELVAS.

Sera le prix de la discrétion et de la vertu.

FRANCINE.

Est-il possible!... Il s'agit donc?...

D'ELVAS.

De vous embarquer aujourd'hui avec moi sans en rien dire à personne.

FRANCINE, vivement.

Eh bien! par exemple... et mes principes?..

D'ELVAS.

Vos principes?... Je les embarque avec vous! Je suis le comte d'Elvas, seigneur portugais commandant le vaisseau de guerre le *San-Carlos*, que d'ici vous voyez en rade.

FRANCINE, avec frayeur.

Un grand seigneur! Raison de plus, monsieur; cela ressemble tout-à-fait à un enlèvement.

D'ELVAS, gravement.

Un enlèvement de confiance, et vous pourrez en avoir en moi!

COUPLETS.

PREMIER COUPLET.

Que d'autres, vous rendant les armes,
Brûlent pour vous de mille feux,
Moi je promets à tant de charmes
De fermer mon cœur et mes yeux.
Oui, d'une âme décente et pure,
Contemplant vos chastes appas,
(avec une expression très tendre.)
Par l'amour, par vos yeux je jure
Que... je ne vous aime pas!

DEUXIÈME COUPLET.

En sentinelle, la sagesse
Sur mon bord viendra vous garder;
S'il le faut, je fais la promesse
De ne jamais vous regarder.
Oui, quand je devrais faire injure
Aux amours qui suivent vos pas...
(la regardant avec tendresse.)
Même en ce moment je vous jure
Que je ne vous aime pas.

Et il en sera de même pendant les cinq ou six heures que durera notre voyage.. c'est-à-dire jusqu'à ce soir, où nous toucherons la côte d'Angleterre.

FRANCINE.

Ah! nous allons en Angleterre?

D'ELVAS.

Oui, mademoiselle.

FRANCINE.

Et dans quel endroit débarquons-nous? C'est important...

D'ELVAS.

Où vous voudrez...

FRANCINE, étonnée.

Comment!... où je voudrai?

D'ELVAS.

Cela m'est tout-à-fait indifférent... Douvres, Brigthon, Portsmouth...

FRANCINE, vivement.

Brigthon, justement!... (à part.) C'est ce nom-là!... (haut.) Je préfère Brigthon.

D'ELVAS.

A vos ordres!... Vous voyez qu'il est impossible...

FRANCINE.

D'être plus galant... et je ne vous adresserai plus qu'une demande : qu'allons-nous faire, vous et moi, en Angleterre?

D'ELVAS.

Je ne puis vous le dire en France.

FRANCINE.

Et pourquoi?

D'ELVAS.

Je croyais vous avoir confié qu'il y avait dans cette affaire deux points indispensables.

FRANCINE, vivement.

La vertu?...

D'ELVAS.

Et la discrétion.

FRANCINE, finement.

C'est par là que je brille!... et la mienne...

D'ELVAS, froidement.

Pourrait s'estimer, à un florin près... ou à un demi-florin... (en tirant un de sa poche et le lui montrant.) Et cette confidence que vous m'avez faite ici, ce matin, à moi que vous voyiez pour la première fois!

FRANCINE, avec embarras.

Il y a comme ça des jours... c'est dans le temps... c'est dans l'air.

D'ELVAS.

Oui... l'air de France est mauvais pour les secrets... Il est trop vif, trop léger... voilà pourquoi je préfère celui d'Angleterre, qui est plus épais, plus sombre... Ainsi, mademoiselle, voyez et réfléchissez!... Confiance et silence absolus jusqu'à demain, si cela est possible... Si vous acceptez, je reviens vous prendre dans ma chaloupe et vous mener au *San-Carlos*, qui va mettre à la voile... Dans une demi-heure le départ, ce soir en Angleterre... demain les soixante mille livres tournois!

FRANCINE.

Et le respect?...

D'ELVAS.

Toujours... cela va sans dire.

(Il salue et sort. Francine le suit quelque temps des yeux, puis revient au bord du théâtre, pouvant à peine contenir sa joie.)

SCÈNE XIII.

FRANCINE, seule, avec joie.

FINAL.

Il l'a dit! il l'a dit! soixante mille livres!
A chaque instant ma surprise s'accroît.
De tes faveurs, fortune, tu m'enivres,
Et tu fais bien, c'est à bon droit;
Car la fortune est femme; entre femmes l'on doit
S'entr'aider, et je puis, écoutant ma tendresse,
De Marcel à présent récompenser l'amour;
Je prétends l'épouser aussitôt mon retour,
Et je veux qu'ici même il en ait la promesse
Avant que je m'éloigne...
(écoutant.)
Car
J'entends les matelots et le chant du départ.

(Francine va prendre chez maître Benjamin tout ce qu'il faut pour écrire, et vient faire sa lettre sur la table qui est près du cabaret, pendant qu'on entend en dehors, en venant du port, des chants lointains.)

CHŒUR.

La voile est préparée;
La brise désirée
Vient sillonn r les flots.
O la belle soirée!
Sur la plaine azurée
Voguons, bons matelots!

(Francine pendant ce temps a écrit sa lettre; elle se lève au moment où entrent en dansant des grisettes et des jeunes ouvrières, puis après entrent des hommes leurs cavaliers.)

CHŒUR.

Que la soirée est belle!
Le plaisir nous appelle;
Ouvrière fidèle,
Voici la fin du jour.
Là-bas, sous le feuillage,
Le soir après l'ouvrage,
Nous attendent l'ombrage,
Et la danse et l'amour.

UNE JEUNE FILLE, s'avançant vers Francine.

Venez-vous, la belle étrangère?
Nous avons, si ça peut vous plaire,
Non loin du port un bal charmant
De très bon ton et très décent.

FRANCINE.

Je ne puis, mes chères amies.

LA JEUNE FILLE.

Madame est faite, apparemment,
A de plus hautes compagnies.

FRANCINE.

Non pas; mais je pars à l'instant.
Daignez remettre, je vous prie,
Ce billet...

LA JEUNE FILLE.

A qui donc, s'il vous plaît?

FRANCINE.

A Marcel.

LA JEUNE FILLE.

Celui qui se marie
A l'hôtesse du cabaret?

TOUTES.

C'est très bien, c'est charmant!
Comptez sur notre dévoûment.

ENSEMBLE.

LES JEUNES FILLES, à part.

L'aventure est nouvelle,
L'occasion est belle,
(montrant le cabaret de Simonne.)
Et l'on pourra sur elle
S'égayer en ce jour!
(haut.)
Le plaisir nous engage;
Là-bas, après l'ouvrage,
On trouve sous l'ombrage
Et la danse et l'amour.

FRANCINE, à part.

Hélas! l'heure m'appelle;
Au rendez-vous fidèle,
Il faut montrer du zèle,
Voici la fin du jour.
Mais, vertueuse et sage,
A rien je ne m'engage;
Et pour ce mariage
Je serai de retour.

(A la fin de ce chœur Francine dit adieu à ses compagnes, et sort par la droite, au moment où Marcel paraît de l'autre côté.)

SCÈNE XIV.

LES MÊMES, MARCEL, entrant et rêvant.

TOUS, à demi-voix.

Silence! c'est Marcel. Ah! pour un fiancé
Quel air mélancolique et quel maintien glacé!

MARCEL, à part et sans voir personne.

Ah! la coquette! ah! l'infidèle!
Malgré moi j'y pense toujours;
Et je soupire encor pour elle
Même en formant d'autres amours.

LA JEUNE FILLE, s'approchant.

Monsieur Marcel.

MARCEL, brusquement.

Ah! laissez-moi.

LA JEUNE FILLE.

Une lettre...

MARCEL, avec humeur.
C'est bien.
LA JEUNE FILLE, la lui montrant.
Une lettre...
MARCEL, la prenant vivement.
Ah! c'est d'elle.
Et ma main tremble et d'amour et d'effroi.

(Il lit la lettre tout bas, et pendant ce temps les jeunes filles le montrent du doigt, et causent entre elles à demi-voix, en l'observant.)

PREMIÈRE PARTIE DU CHŒUR.
Regarde donc! Vois-tu? vois-tu?...
DEUXIÈME PARTIE.
Comme il a l'air troublé!
PREMIÈRE PARTIE.
Joyeux!
DEUXIÈME PARTIE.
Ému!
TOUS, entre eux.
Vois-tu? vois-tu?

ENSEMBLE.

MARCEL, après avoir lu.
Ah! quelle ivresse!
De sa tendresse
J'ai la promesse!
Plus de frayeur!
De sa constance
J'ai l'assurance,
Et l'espérance
Rentre en mon cœur.
LE CHŒUR.
Son chagrin cesse!
Oui, de maîtresse
Et de tendresse
Change son cœur.
Plus de souffrance!
Par l'inconstance,
Pour lui commence
Le vrai bonheur.

(Marcel, dans son transport, relit encore la lettre à demi-voix, et toutes les jeunes filles s'approchent pour écouter par-derrière lui.)

MARCEL, lisant.
« J'ai dit que je t'épouserais
« Dès que j'aurais de la fortune:
« Je suis sur le point d'en faire une;
« Romps l'hymen que tu projetais.
« Attends-moi; fidèle et sensible,
« Je reviens le plus tôt possible
« Avec mon amour, mes vertus,
« Et, de plus,
« Une dot de vingt mille écus. »
Son amour!
TOUTES.
Et vingt mille écus!

REPRISE DE L'ENSEMBLE.

MARCEL, avec transport.
Ah! quelle ivresse, etc.
LE CHŒUR.
Son chagrin cesse, etc.

SCÈNE XV.

LES MÊMES, SIMONNE.

SIMONNE.
Ah! quelle horreur! quelle infamie!
Pour elle j'en rougis, hélas!
LES OUVRIÈRES.
Qui donc?
SIMONNE.
Votre nouvelle amie;
Je l'ai vu et je n'y crois pas.
MARCEL, à Simonne avec émotion.
Cette étrangère si jolie?
SIMONNE.
A l'instant le comte d'Elvas
L'enlève.
MARCEL, vivement.
De force?
SIMONNE.
Non pas!
Tous deux, gaîment, le vent en poupe,
S'éloignent dans une chaloupe
Vers un brick portugais... D'ici voyez plutôt!
De loin entendez-vous le chant du matelot?

(Tous rangés sur une seule ligne regardent vers la gauche. On entend dans le lointain le chœur des matelots, accompagné par les chœurs qui sont en scène.)

ENSEMBLE.

MARCEL, à demi-voix.
Ah! mon âme à sa vue
De fureur est émue!
Renfermons en mon cœur
Mon dépit, ma douleur.
(avec force.)
Plus de tendresse!
Mon amour cesse,
Ame traîtresse,
Cœur imposteur!
L'indifférence
Venge d'avance
Ton inconstance
Et mon malheur.
CHŒUR, dans le lointain.
La voile est préparée;
La brise désirée
A sillonné les flots.
O la belle soirée!
Sur la plaine azurée,
Voguons, bons matelots!
CHŒUR DES GRISETTES, à demi-voix, regardant Marcel.
Pour la belle inconnue,
Oui, son âme est émue;
Il renferme en son cœur
Son dépit, sa fureur.

Ah! quelle ivresse!
D'une maîtresse
Fausse et traîtresse
Il perd le cœur!
Plus de souffrance!

Vivent d'avance
Et l'inconstance
Et le bonheur!

SIMONNE, à Marcel.
Que vous fait ce départ?

MARCEL, prenant un air indifférent.
Moi? rien.

(à part.)
Que rien à ses yeux ne m'accuse!

SIMONNE, à Marcel.
C'est amusant!

MARCEL, s'efforçant de rire.
Sans doute; ça m'amuse.

SIMONNE.
Allons au bal!..

MARCEL, de même.
Je le veux bien!

SIMONNE.
Et demain...

MARCEL.
Volontiers!

SIMONNE.
Dès demain nous partons
Avec mon oncle en Angleterre!...

MARCEL.
Très volontiers!

SIMONNE, gaîment.
Nous nous y marierons!

MARCEL.
Sur-le-champ!

SIMONNE.
Quel sort prospère!

MARCEL, répétant.
Quel sort prospère!

SIMONNE, riant.
Lorsque nous serons mariés..

MARCEL, froidement.
Lorsque nous serons mariés...

SIMONNE.
Mais vous ne riez pas!..

MARCEL, s'efforçant de rire.
Si vraiment!.. voyez!.. voyez!..

CHŒUR GÉNÉRAL.

Le plaisir nous appelle!
Que la soirée est belle!
A la danse fidèle,
Guettons la fin du jour!
Là-bas, sous le feuillage,
Quoique discrète et sage,
On trouve sous l'ombrage
Et la danse et l'amour!

MARCEL, à part, pleurant.
O contrainte cruelle!
Francine! ah! l'infidèle!
Ah! je n'aimerai qu'elle!
Je l'aimerai toujours!
Oui, dans ce mariage,
Il le faut, je m'engage;
Mais, après cet outrage
Je renonce aux amours!

(Ils sortent tous en dansant, et entraînent malgré lui Marcel.)

ACTE DEUXIÈME.

Le théâtre représente la taverne de Trim Trumbell. Portes à droite et à gauche; trois portes au fond donnant dans une grande salle.

SCÈNE I.

MARINS ANGLAIS, buvant et entourant MARCEL qui les salue; SIMONNE leur verse à boire.

INTRODUCTION.

LE CHŒUR.
Honneur aux taverniers fameux
Qui nous apportent de la France
Gaîté, plaisirs, fête, bombance,
Bon visage et vin savoureux!

SIMONNE, aux marins.
Mon oncle Trim nous cède sa taverne.

CHŒUR.
Il n'a jamais rien fait de mieux!
Notre hôtesse a de si beaux yeux!

SIMONNE, à Marcel.
Mais soyez donc gentil!...

MARCEL.
C'est toi que ça concerne!
Chez un futur mari, c'est du luxe!

SIMONNE.
C'est bon!
L'on usera, monsieur, de la leçon!

CHŒUR.
Voyons, Marcel, dis-nous, chacun t'en prie,
Quelque chanson de la patrie!

MARCEL, à part.
Chanter! quand j'ai la mort au cœur!

SIMONNE, à Marcel.
Chantez donc! ça fait trouver le vin meilleur!
C'est tout profit!...

LE CHŒUR.
Buvons, et répétons en chœur.

MARCEL.

RONDEAU.

PREMIER COUPLET.

Tra, la, tra, la, tra, la, la, la,
Tra, la, tra, la, tra, la, la, la,
Pour chercher la richesse
Antonin s'embarquait.

Et Mina, sa maîtresse,
Au matelot disait :
Que le flot qui t'entraîne
Veille bien sur ton sort,
Et que Dieu me ramène
Mes amours à bon port!
Puis, sa voix au lointain
Confiait son refrain...
Tra, la, tra, la, tra, la, la, la.
Tra, la, tra, la, tra, la, la, la.

DEUXIÈME COUPLET.

Mais un jour se balance,
Au milieu des flots bleus,
Un vaisseau qui s'élance
Comme venant des cieux!
Pour Mina plus de peine,
Car, veillant sur son sort,
Le bon Dieu lui ramène
Ses amours à bon port!
Et sa voix au lointain
Répétait son refrain...
Tra, la, tra, la, tra, la, la, la.
Tra, la, tra, la, tra, la, la, la.

LE CHŒUR.

Bravo! bravo!... C'est ravissant!..
Vraiment, Marcel est un garçon charmant!
Grâce à son chant, grâce à son vin,
Auprès de lui point de chagrin!...

(Marcel sort avec le chœur.)

SCÈNE II.

SIMONNE, TRUMBELL, entrant mystérieusement par la porte de côté.

TRUMBELL, à part.

Grâce au ciel!...les voilà partis!...(À Simonne.) Viens ici, mon enfant, m'aider à avoir une idée.

SIMONNE.

Ah! mon Dieu! comme vous êtes pâle!

TRUMBELL.

C'est ce qui m'arrive assez volontiers quand j'ai peur.

SIMONNE.

Vous! un ancien cromwelliste, une Tête-Ronde, un enragé puritain!...

TRUMBELL.

C'est pour cela.

SIMONNE.

Qui autrefois, dit-on, ne respiriez que la guerre et le pillage...

TRUMBELL.

Parce qu'alors je n'avais rien; mais aujourd'hui que j'ai du vin dans ma cave et des guinées dans ma poche, je suis pour l'ordre établi... Et voilà ce dont il s'agit : Hier, dans la nuit, deux voyageurs sont arrivés dans cette taverne avec une suite nombreuse... tu étais déjà endormie... c'est moi qui les ai reçus. Ils ont demandé deux chambres séparées, les meilleures, qu'ils ont payées d'avance...

SIMONNE.

Jusqu'ici, je ne vois rien d'effrayant.

TRUMBELL.

Attends donc!...Ce matin, je buvais avec un de leurs domestiques, parce que, moi, je ne suis pas fier, je bois avec tout le monde; et ce garçon, qui n'est pas habitué à notre porter, s'est mis à jaser... à jaser sur ses maîtres, comme de juste, et m'a avoué à l'oreille que la personne, la jeune dame logée là, était la femme du prétendant, du roi Charles II.

SIMONNE.

Une reine!

TRUMBELL.

Une reine... si on veut... mais nous ne voulons pas!... Il n'y a plus de Stuarts... J'ai juré fidélité à Cromwell, mon général, et à son fils Richard, qui lui succède; et Trim Trumbell n'a jamais manqué à ses serments ni à ses principes!

SIMONNE.

Eh bien! alors, que voulez-vous faire?

TRUMBELL.

Ce que je veux faire? Par la mordieu! c'est déjà fait!... Il y a un ancien bill qui condamne à mort les Stuarts et tous ceux qui leur donneraient asile...

SIMONNE.

Eh bien! cet asile, vous ne le donnez pas... vous le faites payer.

TRUMBELL.

Je le sais bien... et c'est ce qui me sauve... Mais c'est égal; j'ai voulu, malgré cela, me mettre en règle, et s'il est vrai que j'aie chez moi quelque personne de la famille royale...

SIMONNE.

Ici, dans une taverne! Ce n'est guère probable.

TRUMBELL.

Tu crois?

SIMONNE.

Et sur le rapport d'un domestique ivre, vous allez vous effrayer!...

TRUMBELL, à part.

C'est vrai! j'ai peut-être eu tort.

SCÈNE III.

LES MÊMES, LADY PEKINBROOK.

TRUMBELL, allant au-devant d'elle.

Que vois-je?... Lady Pekinbrook, la plus grande dame du comté... le plus beau château du pays, dans mon auberge.

LADY PEKINBROOK.

Tu dis vrai; cette obscure taverne ne devait pas s'attendre à un pareil honneur ni à un autre plus grand encore.

TRUMBELL.

Que dites-vous?

LADY PEKINBROOK.

Silence! Trim Trumbell... Il y va de l'illustration de ta maison, de son anoblissement peut-être, et à coup sûr de ta fortune...

TRUMBELL.

Serait-ce possible?

LADY PEKINBROOK.

C'est moi qui te le garantis... moi, Arabelle Pekinbrook, ancienne dame d'atours de la feue reine... moi qui, depuis onze ans privée de mes honneurs et prérogatives, suis obligée, du fond de cette province, de dévorer en silence mes humiliations et les vingt mille livres sterling de rente qui me sont restées. Mais l'heure approche où le malheur et la fidélité vont enfin recevoir leur juste récompense!... N'est-il pas arrivé cette nuit, mystérieusement, dans ton auberge une jeune dame et sa suite?

TRUMBELL.

Oui, milady!

LADY PEKINBROOK, à Trumbell et à Simonne.

Ah! soutenez-moi!... (vivement.) Non! ne me soutenez pas! conduisez-moi à ses pieds.

TRUMBELL.

Elle n'est pas levée.

LADY PEKINBROOK.

C'est différent... je ne puis, je n'oserais... l'étiquette avant tout... et ce n'est pas moi qui voudrais y manquer... s'agit-il du salut de la monarchie!... Mais dès qu'on aura paru, dès qu'on aura sonné, que quelqu'un vienne me prévenir, m'avertir, dans mon château ici près.

TRUMBELL, montrant Simonne.

Ma nièce.

LADY PEKINBROOK.

Ah! cette jeune fille, c'est ta nièce?... Bien... que cela ne sorte pas de la famille... Et toi, Trim, tu remettras cette lettre à Sa Majes... non, au chambellan, au maréchal, à la première dame d'honneur.

TRUMBELL.

Comment! Est-ce que vraiment ce serait?...

LADY PEKINBROOK.

Tais-toi, tais-toi! Puisqu'elle a choisi ta maison, je ne doute pas de la pureté de tes sentiments... malgré ta mauvaise réputation de cromwelliste.

TRUMBELL.

Moi!

LADY PEKINBROOK, vivement.

Tant mieux... c'est ce qu'il faut... On dit d'une manière et l'on pense d'une autre; c'est le seul moyen à présent d'être fidèle... Je n'ai pas besoin de vous recommander les soins, le dévouement, le respect... Voici d'abord une centaine de guinées, sans compter le reste.

SIMONNE et TRUMBELL.

C'est donc vrai? c'est donc la reine?

LADY PEKINBROOK, à demi-voix.

Oui, mes amis... oui, la princesse de Portugal, la jeune épouse de Charles II, qui vient à travers les périls rejoindre son royal époux.

TRUMBELL, avec embarras et hésitation.

Ah! çà, vous croyez donc que tout ça réussira?

LADY PEKINBROOK.

Il n'y a pas de doute... L'Angleterre est lasse du protectorat... il lui faut une cour, une famille royale, des levers, des réceptions, des plaques et des cordons... c'est indispensable à son bonheur!... La mort de Cromwell laisse le pouvoir aux mains de Richard, son fils, dont on ne se soucie guère... et l'on dit de plus que le chef de l'armée, que Monk est pour nous et qu'il trahit par dévouement.

TRUMBELL, avec hésitation.

Ça se peut donc? Et il ne lui arrivera rien, il ne lui sera rien fait?

LADY PEKINBROOK.

Il sera fait duc et pair!

TRUMBELL, à part.

Ah! mon Dieu!

LADY PEKINBROOK.

Ce que je vous recommande, c'est de ne laisser parler la reine, avant moi, à aucun noble du pays... Ils ont tous des prétentions si exagérées, si ridicules... Ce n'est pas comme moi... le cœur, le dévouement, le royalisme purs.

COUPLETS.

PREMIER COUPLET.

Nos destins vont changer, et sous ce règne auguste
Nous serons tous placés, nous serons tous heureux;
Je fais d'abord nommer mon époux, c'est trop juste,
Mes trois fils, mes cousins, mes oncles, mes neveux.
On rétablit pour nous et la glèbe et la dîme...
Quel profit nos malheurs nous auront rapporté!
  Ah! qu'il est doux d'être victime
   De la fidélité!...

DEUXIÈME COUPLET.

Oui, la loi qui punit la révolte illégale,
De ceux qui n'ont rien fait doit payer les travaux!
Hélas! sur les Stuarts et la race royale
Nous avons tant pleuré... cachés dans nos châteaux!
Sans avoir rien perdu, ce dévoûment sublime
Doit nous rendre richesses, honneurs et dignité!...
  Ah! qu'il est doux d'être victime
   De la fidélité!

(à Simonne et Trumbell.) Silence, dévouement, et votre fortune est faite!

(Elle sort par la droite.)

SCÈNE IV.

TRUMBELL, SIMONNE, puis MARCEL.

TRUMBELL, se frottant le front.

Diable! diable! il paraît que c'est la reine et que son parti va réussir.

SIMONNE.

Tant mieux, mon oncle, parce qu'alors, comme disait cette grande dame, notre fortune est assurée.

TRUMBELL.

J'entends bien... Mais alors par fidélité à mes principes, à mes anciens principes... je crains bien d'avoir fait une fameuse bêtise.

SIMONNE.

Comment! Qu'avez-vous donc? quel air soucieux!

TRUMBELL.

Rien! rien! (appelant.) Marcel! Marcel!

MARCEL, accourant.

Eh bien! quoi que vous me voulez?

TRUMBELL.

Écoute, mon garçon. Tu vas courir chez le shérif, qui demeure à deux milles d'ici... Tu entends?

MARCEL.

Très bien!

TRUMBELL.

Magistrat du pays et médecin de campagne, il est possible qu'il ne soit pas rentré et qu'on ne lui ait pas remis une lettre apportée par maître Trim Trumbell... Alors tu la redemanderas... Tu comprends?

MARCEL.

Très bien!

TRUMBELL.

Peut-être même est-elle encore sur la table où je l'ai mise... Rapporte-la-moi sur-le-champ, et nous sommes sauvés.

MARCEL, étonné.

Comment cela?

TRUMBELL.

Cours, et ne réfléchis pas. Allons! allons! de la vivacité... (Marcel sort.) Toi, ma nièce... (voyant la première porte à droite s'ouvrir.) La porte s'ouvre! Sa Majesté est levée... la reine va paraître.

SIMONNE, avec joie.

Quel plaisir!

TRUMBELL.

Ah bien! oui, il ne s'agit pas de s'amuser... mais d'aller avertir lady Pekinbrook... Dis-lui que sa seigneurie peut se présenter.

SIMONNE.

Oui, mon oncle.

TRUMBELL, la mettant à la porte.

Eh! va donc!... On ne dirait jamais que ces gens-là arrivent de France... ils ne savent pas se remuer... tandis que moi... Dieu! voici déjà le maréchal, le chambellan, le chevalier d'honneur et la reine... la reine elle-même... Moi qui sous Cromwell n'avait pas l'habitude d'en voir...

(Il se tient courbé respectueusement.)

SCÈNE V.

D'ELVAS, FRANCINE, TRUMBELL.

D'ELVAS, s'avançant en donnant la main à Francine et apercevant Trumbell à moitié prosterné.

Qu'est-ce donc, maître Trumbell? et que veut dire cette posture?

TRUMBELL.

C'est la seule qui me convienne... Je sais, monseigneur, je sais tout.

D'ELVAS.

Alors, du silence!

TRUMBELL.

Aussi, je me tais... Mais ma maison, ma famille, mes gens, je viens tout offrir à madame.

FRANCINE, étonnée.

A moi?

D'ELVAS, bas à Francine.

Acceptez sans parler!... (Francine fait un geste.) C'est bien!

TRUMBELL.

De plus, une lettre de la comtesse Pekinbrook, la plus noble dame du pays, qui est déjà venue attendre le lever de...

D'ELVAS.

Il suffit; remettez cette lettre.

(Trumbell passe près de Francine, met un genou en terre et lui présente la lettre.)

D'ELVAS, bas à Francine qui reste stupéfaite.

Prenez et lisez.

FRANCINE, lisant.

« On ne parait pas de peur de vous compromettre, mais vous êtes reconnue; un signe, et l'on est à vos pieds; un mot, et vingt mille, trente mille guinées sont à votre disposition; on sollicite l'honneur de vous les apporter... » (bas à d'Elvas.) Je déclare que si j'y comprends quelque chose...

D'ELVAS, bas.

Ce n'est pas nécessaire... (haut à Trumbell.) Madame recevra milady... Laissez-nous.

TRUMBELL.

Encore une faveur!... la plus grande de toutes, la permission de baiser le bas de votre robe.

D'ELVAS.

Mieux que cela!... la main que madame vous offre... (bas à Francine.) Offrez-la donc!... (Francine la présente à Trumbell qui l'embrasse.) Quiconque a touché cette main est anobli... Relève-toi, premier maître-d'hôtel du palais, baron de Bérigoul!

TRUMBELL, à part.

Moi!... baron!... O Cromwell!... si tu me voyais!... (à haute voix.) Vive la reine!

D'ELVAS.

Tais-toi, tais-toi! et laisse-nous.

(Trumbell sort après avoir salué respectueusement.)

SCÈNE VI.

FRANCINE, D'ELVAS.

FRANCINE, regardant avec étonnement autour d'elle.

Qu'est-ce que tout ça signifie?

D'ELVAS.

J'ai tenu mes promesses, et depuis le moment où nous sommes embarqués, j'espère que mon respect...

FRANCINE.

C'est juste!... deux chambres séparées, et pas un mot d'amour ou de galanterie. Je ne le croyais pas... Mais vous m'avez promis de tout me dire en Angleterre, et nous y sommes.

D'ELVAS.

Tu as raison; écoute-moi donc et tâche de ne rien oublier... (voyant qu'elle est debout près de lui.) Ah! assois-toi; c'est plus convenable, si quelqu'un venait... (Francine va s'asseoir.) Sais-tu d'abord, qu'il y a quelques années l'Angleterre avait un roi qu'on appelait Charles Ier?

FRANCINE.

Ma foi, non! mais il avait là un beau pays, et il devait être bien heureux!

D'ELVAS.

Au contraire; il fut condamné à mort et sa famille est exilée depuis onze ans.

FRANCINE, étonnée.

Ah! bah! vous en êtes bien sûr?

D'ELVAS.

Tellement sûr que son fils, qu'on nomme Charles II, est débarqué depuis un mois en Angleterre, pour reconquérir son royaume.

FRANCINE, naïvement.

Je ne demande pas mieux... Mais qu'est-ce que ça peut me faire, à moi?

D'ELVAS.

Tu vas le savoir... Il y a une jeune femme, une princesse de Portugal, ma souveraine, à moi!...

FRANCINE.

C'est vrai!... vous m'avez dit que vous étiez un seigneur portugais.

D'ELVAS.

Cette reine ne veut pas rester plus longtemps séparée de son mari... Malgré nos conseils, qui lui prescrivaient d'attendre en France ou en Hollande, elle a voulu absolument rejoindre le roi et partager son sort et ses dangers.

FRANCINE.

C'est bien à elle... c'est une brave femme!... Mais moi, en quoi ça me regarde-t-il?

D'ELVAS.

Nous y voici... Il fallait tromper la surveillance des croisières anglaises, et, une fois débarqués, donner le change aux espions de Richard et du parlement... Alors, et sur un bâtiment français, un modeste bateau pêcheur, la reine aborde en Écosse, pendant que toi, sur un superbe vaisseau portugais, tu descends sur les côtes d'Angleterre avec assez d'adresse pour que la ville de Brigthon et tous les environs sachent déjà que la princesse de Portugal, la femme de Charles II, est cachée dans une taverne de cette ville.

FRANCINE, après un moment de silence.

Eh bien?...

D'ELVAS.

Eh bien!... toutes les forces, tous les constables, toute la police du royaume se concentrent de ce côté... ce qui assure le voyage de la vraie reine et lui permet de rejoindre son époux!

FRANCINE.

Et si pendant ce temps on nous arrête?

D'ELVAS.

Je l'espère bien... et je m'arrange pour cela!

FRANCINE, d'un air inquiet.

Oui, mais moi, ça ne m'arrange pas, et je voudrais savoir ce qui m'arrivera.

D'ELVAS.

Il t'arrivera d'être conduite à Londres, à petites journées... avec les plus grands égards... dans une belle voiture à quatre chevaux... Toi qui aimes à aller en voiture...

FRANCINE, avec joie.

Quatre chevaux!...

D'ELVAS.

Peut-être huit... avec de belles glaces et de beaux cavaliers à chaque portière...

FRANCINE.

Et puis?...

D'ELVAS.

Et puis, quand nous aurons gagné par là le temps nécessaire, ou même plus tôt, si les événements le permettent... je dirai la vérité... La reine d'Angleterre redeviendra Francine Camusat... Et comme on n'a jamais été au pouvoir sans qu'il en reste quelque chose... sa royauté lui vaudra, ainsi que je le lui ai promis, une soixantaine de mille livres pour sa cassette!

FRANCINE, avec joie.

Vraiment?

D'ELVAS.

Toutes les reines ont une cassette.

FRANCINE.

C'est gentil!... Et qu'est-ce que j'aurai à faire?

D'ELVAS.

Tu l'as déjà vu... être encensée, adorée, recevoir des hommages... et prodiguer en échange des éloges et des remercîments... donner libéralement sa main à baiser... distribuer, sans les compter, les sourires à ceux qui regardent... les promesses à ceux qui demandent, et les cordons à tout le monde!... Dans les restaurations ça ne coûte rien et ça rapporte... Surtout, silence absolu, même avec nos plus zélés partisans... Ces nobles familles, dont les prétentions, l'indiscrétion et les exigences ont toujours compromis la cause qu'ils voulaient servir... (voyant entrer lady

Pekinbrook.) On vient!... ça commence déjà!... (haut.) Milady, comtesse de Pekinbrook, que j'ai l'honneur de présenter à Sa Majesté. (à Francine.) Un sourire gracieux!...

(Francine fait un sourire à lady Pekinbrook.)

SCÈNE VII.

LES MÊMES, LADY PEKINBROOK.

LADY PEKINBROOK, très émue.

Ah! madame! ah! Votre Majesté!.. La surprise, la joie, l'attendrissement... J'avais là-dessus trois ou quatre phrases qu'il m'est impossible d'achever... L'émotion m'a rendu muette!...

D'ELVAS.

C'est un genre d'éloquence qui a bien son prix... et que Sa Majesté préfère... (à lady Pekinbrook, qui est prête à se trouver mal.) Eh bien! que faites-vous donc, milady?... Vous trouver mal devant la reine!..

LADY PEKINBROOK, avec une transition brusque.

C'est juste!... l'étiquette!... C'est, je crois, monsieur le comte d'Elvas que j'ai l'honneur de revoir... marquis de Villareal et parent de la nouvelle reine?

D'ELVAS.

Moi-même, qui, l'année dernière, ai vu à Breda, près du roi Charles II, monsieur le comte et madame la comtesse de Pekinbrook!...

LADY PEKINBROOK, à Francine.

Sa Majesté n'avait pas encore quitté le Portugal...

D'ELVAS.

A peine mariée... c'est la première fois qu'elle daigne se montrer à ses fidèles sujets d'Angleterre!...

LADY PEKINBROOK.

Aussi je tenais ardemment à lui jurer la première serment de fidélité... car tous les nobles des environs étaient aux aguets pour me ravir cet honneur... et ils sécheraient de jalousie s'ils savaient seulement toutes les choses aimables et gracieuses que Sa Majesté a daigné m'adresser!...

FRANCINE, bas à d'Elvas.

Je n'ai encore rien dit!

D'ELVAS, bas.

C'est ce qu'il faut... Continuez de même!

LADY PEKINBROOK.

Ah! j'en garderai un éternel souvenir!... Nous le méritons, j'ose le dire, par l'inébranlable attachement que nous avons montré à la dynastie déchue... Lord Pekinbrook, mon époux, a toujours gardé sous l'usurpateur un silence obstiné et séditieux... Il est toujours resté dans ses terres et ne s'est jamais montré. Aussi, j'ose espérer [illegible] onze ans de dévouement et de ser- [illegible] pas stériles... et que Sa Majesté daignera se le rappeler pour le premier gouvernement vacant!... Moi, autrefois dame d'atours, je ne demande rien pour moi... rien que mon rang, avec les droits attachés à l'ancienneté...

D'ELVAS, avec un signe approbatif.

Comment donc!...

LADY PEKINBROOK, continuant.

Mais je demanderai, en revanche, un régiment pour mon fils aîné, l'ordre de Saint-André pour les deux autres... Et quant à mes trois derniers, dont je garantis le jeune dévouement, je les présente avec confiance comme pages de Votre Majesté!

FRANCINE, à lady Pekinbrook.

Vous n'avez pas d'autres parents?

LADY PEKINBROOK, avec effusion.

Ah! madame!... je sens tout ce que cette demande a de gracieux, de généreux, de vraiment royal!...

SCÈNE VIII.

LES MÊMES, TRUMBELL, puis SIMONNE.

TRUMBELL, accourant.

Madame!... madame!...

LADY PEKINBROOK.

Qu'est-ce donc?

D'ELVAS, à part, avec joie.

Viendrait-on nous arrêter!

TRUMBELL.

Tous les nobles du pays qui arrivent!...

D'ELVAS, tristement, à part.

Ah! que cela...

TRUMBELL.

Je les ai tous reconnus!... ils sont là dans le salon de cent couverts à attendre Sa Majesté.

LADY PEKINBROOK, bas à Trumbell.

Maladroit!... Vous les avez donc prévenus?

TRUMBELL, de même.

Eh! non... ils sont venus tout seuls!...

LADY PEKINBROOK.

Preuve, comme je le disais, que nos affaires vont à merveille!... Aussi Sa Majesté va être accablée de harangues et de demandes auxquelles je voudrais la soustraire.

D'ELVAS.

Impossible!... Il faut que la reine reçoive.

FRANCINE, à demi-voix.

Vous croyez?... Et que leur dire?

D'ELVAS, de même.

Toujours la même chose.

FRANCINE, de même.

Ça n'est pas difficile... (haut.) Mais recevoir ainsi, en costume de voyage... l'on dirait plutôt d'une grisette que d'une majesté, tant la mienne est chiffonnée... (D'Elvas lui fait un signe, elle lui dit à demi-voix:) Chiffonnée... ça se dit!...

LADY PEKINBROOK.

N'est-ce que cela?... J'ai tout prévu... j'avais chargé la jeune fille qui est venue m'annoncer votre arrivée...

TRUMBELL, avec fierté.

Ma nièce!

LADY PEKINBROOK, continuant.

D'apporter à Votre Majesté quelque robe de cour... (à Simonne, qui vient de la droite portant plusieurs cartons.) Déposez cela dans l'appartement de la reine... (à Francine.) J'y ai joint quelques coiffures à moi...

FRANCINE, à part.

Qui ne m'iront jamais!

LADY PEKINBROOK, à Simonne qui est au fond du théâtre.

Laissez ce carton... (Simonne laisse un carton et porte les autres dans l'appartement à droite, et rentre un instant après.) C'est ce qu'il y a de plus nouveau... cela vient de France.

FRANCINE, vivement.

Ah! voyons!... Je vous dirai tout de suite si c'est d'un bon genre... s'il y a du style... Il faudrait d'abord savoir de quel magasin... (un regard de d'Elvas l'arrête.) De quel magasin ça vient?

(Pendant ce temps Simonne est rentrée, a ouvert le carton et présente une toque à lady Pekinbrook.)

QUINTETTE.

LADY PEKINBROOK, à Francine, lui montrant sa coiffure.

Cette toque plaît-elle à Votre Majesté?

FRANCINE, l'examinant.

Mais oui, c'est fort gentil...

(à part, regardant lady Pekinbrook.)

Pour une tête anglaise

Ce n'est pas trop mal ajusté.

LADY PEKINBROOK, à Simonne.

Approchez, mon enfant!... Cette jeune Française

Va m'aider à vous la poser!

FRANCINE.

Je la mettrai mieux seule...

D'ELVAS, arrêtant Francine.

On ne peut refuser

Des services offerts avec autant de grâce.

FRANCINE, bas à d'Elvas.

Elles vont me coiffer de travers!

D'ELVAS, bas.

Dans ta place

On est toujours fort bien!

LADY PEKINBROOK, plaçant la toque sur la tête de Francine.

C'est cela, m'y voici...

(à Simonne.)

Mets des épingles par ici!..

SIMONNE, s'approchant.

Quel bonheur! coiffer une reine!

FRANCINE, sans la regarder.

Tâchez au moins que cela tienne!

(jetant un cri.)

Maladroite!.. vous me piquez!...

SIMONNE, confuse.

C'est le trouble...

LADY PEKINBROOK.

Vous répliquez!...

TRUMBELL, à Simonne.

Vous osez répliquer à votre souveraine!

SIMONNE, levant les yeux et reconnaissant Francine.

Pardon!... Dieu! qu'ai-je vu?.. Non! non!... j'y crois à peine!

C'est vous, qui... c'est vous, que...

D'ELVAS et FRANCINE, la reconnaissant.

Simonne!... quel malheur!

FRANCINE, à part.

Elle va renverser mon trône et ma grandeur!

ENSEMBLE.

SIMONNE.

Étrange surprise!
Et que croire ici?
C'est une méprise,
Qui m'abuse ainsi.
Je la quitte à peine
Dans son magasin!
Et la voici reine!
Dieu! quel beau chemin!

LADY PEKINBROOK et TRUMBELL.

D'où vient ta surprise?
Qui t'agite ici?
C'est quelque méprise,
Qui la trouble ainsi.
Je respire à peine!
Cela peut enfin
Offenser la reine!
Pour nous quel chagrin!

FRANCINE et D'ELVAS, à part.

Fatale surprise!
Elle peut ainsi,
D'un mot, à sa guise,
Tout changer ici!...
Et, quoi qu'il advienne,
Renvoyer soudain,
Une noble reine
Dans son magasin!

TRUMBELL, à Simonne.

Allons, qu'as-tu?.. réponds!

LADY PEKINBROOK.

Connais-tu la princesse?...

SIMONNE, troublée.

Moi! non!... oui!... non!...

LADY PEKINBROOK.

Où l'as-tu vue, enfin?

A sa cour?...

SIMONNE.

Ah! bien, oui!...

LADY PEKINBROOK.

Voyez quelle hardiesse!

SIMONNE.

Je la vis!...

LADY PEKINBROOK.

Où cela?...

SIMONNE.

Mais dans un magasin

De modes...

LADY PEKINBROOK.

Quelle fable!..

Une reine modiste!

TRUMBELL.
Ah! c'est invraisemblable!...

LADY PEKINBROOK.
Pis que cela!... c'est une indignité!...

D'ELVAS.
Vous vous trompez... car c'est la vérité!

TOUS.
Que dit-il?... quel mystère!
Est-ce la vérité?

FRANCINE, à part.
Ciel! que dire!... et que faire!...
Adieu ma majesté!...

D'ELVAS.
Sachez ici tout le mystère!

TOUS.
Voyons, écoutons le mystère!

D'ELVAS.
Dans les murs de Calais, cachant son noble rang
Sous le modeste habit d'une simple ouvrière,
Ma noble souveraine attendait le moment
De s'embarquer pour l'Angleterre!

FRANCINE, à part.
Le comte ment fort gentiment!

LADY PEKINBROOK.
J'en étais sûre... Une simple ouvrière
N'aurait pas cet air imposant!...

FRANCINE, à part.
La vieille s'y connait, vraiment!...

TRUMBELL, à Francine.
Daignez lui pardonner ce tort!

FRANCINE, avec dignité.
Je lui pardonne... Et d'ailleurs j'aime fort
Les modistes... Aussi, je veux en souveraine
Encourager cet art, où brillent de tous temps
La constance, les mœurs, les vertus, les talents!

ENSEMBLE.

FRANCINE, à part.
Je l'échappe belle
Pour ma dignité!
Le sort est fidèle
A ma majesté!
Mais de la grisette,
Avec vérité,
Combien je regrette
La franche gaîté!

D'ELVAS, à part.
Nous l'échappons belle
Pour sa dignité!
Le sort m'est fidèle.
Mais, en vérité,
De notre grisette
La vive gaîté
Perce sous l'aigrette
De sa majesté.

LES AUTRES.
Mon Dieu! qu'elle est belle!
Quel air de fierté!
Ah! quel cœur rebelle
Aurait résisté?
Quelle erreur complète,
D'avoir hésité
Entre une grisette
Et Sa Majesté!

D'ELVAS à Simonne, après avoir parlé bas à Francine.
Pour vous prouver sa royale indulgence,
Sa Majesté vous fait une faveur!

SIMONNE et TRUMBELL.
Une faveur!... Quelle douce espérance!

D'ELVAS.
On daigne vous nommer demoiselle d'honneur!

LADY PEKINBROOK, stupéfaite.
Demoiselle d'honneur!...

SIMONNE.
Cet état-là, je pense,
N'est pas aisé!...

TRUMBELL.
Quelle reconnaissance!

FRANCINE, bas à d'Elvas.
Mais ça ne lui va pas du tout!

TRUMBELL.
Vous verrez son futur... c'est un garçon de goût!
Nous vous l'amènerons...

FRANCINE.
Son futur!...
(à part.)
Je n'ose
Lui demander son nom... Si c'était...

SIMONNE, à Francine.
C'est Marcel
Que vous connaissez bien!...

FRANCINE, vivement.
Marcel! .. Ah! je m'oppose
A cet hymen!... Je le défends!...

TRUMBELL et SIMONNE.
O ciel!

D'ELVAS, surpris.
Pourquoi cela?...

FRANCINE, bas à d'Elvas.
Mais c'est celui que j'aime...
Et, je vous le déclare ici,
Trône, faveurs, richesse, honneur suprême,
Je vous rends tout... je ne garde que lui!

D'ELVAS, bas à Francine.
Mais tais-toi donc!
(haut à Trim.)
La reine pense,
Qu'il faut à votre nièce une noble alliance,
Un duc, un comte, un grand seigneur!

TRUMBELL.
Cela me semble juste, avec notre grandeur!
(à Simonne.)
Qu'en dis-tu?...

SIMONNE.
S'il faut être sincère,
Je dis qu'un grand seigneur serait assez l'affaire
D'une demoiselle d'honneur!

FRANCINE, à part.
Pauvre Marcel!... va! l'on ne t'aime guère!

D'ELVAS, bas à Francine.
Tu vois que, grâce à moi, tu gardes en ce jour
Et ta couronne et ton amour!...
(haut, et montrant la porte du fond.)
Mais la noblesse attend...

LADY PEKINBROOK.
La royale toilette
De Sa Majesté n'est pas faite!

FRANCINE.

Simonne, suivez-moi... car dès ce moment-ci
Je vous attache à moi...

(à part.)

Pour l'éloigner de lui!...

ENSEMBLE.

FRANCINE, à part.

Je l'échappe belle, etc.

D'ELVAS.

Nous l'échappons belle, etc.

LES AUTRES.

Mon Dieu! qu'elle est belle, etc.

(D'Elvas, comme chevalier d'honneur, présente l'avant-bras à Francine, qui sort en s'appuyant sur lui et en faisant de l'autre main un geste de protection à Trumbell. Elle donne quelques ordres à lady Pekinbrook, qui répond par une révérence; puis elle entre avec d'Elvas dans les appartements à droite. Simonne les suit.)

SCÈNE IX.

TRUMBELL, LADY PEKINBROOK.

TRUMBELL, avec enthousiasme.

Sa Majesté est charmante!... nommer ma nièce demoiselle d'honneur!

LADY PEKINBROOK, à part.

Nomination que nous rectifierons!... (haut.) Je vais de la part de la reine, près de la noblesse qui est là, dis-tu...

TRUMBELL, montrant la porte du fond.

Dans le salon de cent couverts.

LADY PEKINBROOK.

Les prévenir que Sa Majesté va recevoir leurs hommages... Mais pendant qu'ils sont tous à attendre la réussite, sans rien oser, sans rien hasarder... si à nous deux nous devancions les événements..

TRUMBELL.

Comment cela?

LADY PEKINBROOK.

Dans cette petite ville, qui est toute royaliste et où il n'y a pas un soldat presbytérien, nous pouvons, sans rien craindre, risquer une manifestation courageuse qui nous fera un honneur infini... Fais sonner les cloches de la paroisse.

TRUMBELL.

Moi!

LADY PEKINBROOK.

Et, par ordre du comte d'Elvas, je vais faire tirer l'artillerie du vaisseau le *San-Carlos*.

TRUMBELL.

Prenez garde!... prenez garde!... Ne nous pressons pas! Il peut y avoir du danger.

LADY PEKINBROOK.

Aucun!... un seul shérif à deux milles d'ici... Comme médecin, il est toujours en route... Il faudrait donc que quelqu'un se fût chargé exprès de l'avertir chez lui...

TRUMBELL, à part.

Ah! mon Dieu!

LADY PEKINBROOK.

Pour qu'il allât lui-même au cantonnement voisin requérir des soldats... Et qui nous aurait dénoncés?

TRUMBELL, tremblant.

Qui?

LADY PEKINBROOK.

Ce n'est pas moi!

TRUMBELL, de même.

Ni moi non plus!... (à part.) Mais cette maudite lettre.. si je pouvais la ravoir!

SCÈNE X.

LES MÊMES, MARCEL, accourant.

MARCEL.

Mon oncle, mon oncle! me v'là!... J'ai joliment couru... Votre lettre que je vous rapporte!

TRUMBELL, la saisissant vivement et la cachant dans sa poche.

Vive le roi!... ou plutôt, vive la reine!... (à Marcel qui veut parler.) Tais-toi!

LADY PEKINBROOK.

Qu'est-ce donc?

TRUMBELL.

Rien!... c'est-à-dire rien... d'excellentes nouvelles... Le ciel se déclare pour la bonne cause... Faisons tirer le canon! faisons sonner les cloches! rendons à notre souveraine tous les honneurs dus à son rang... De plus, je veux et j'entends qu'ici, dans ma maison, tout mon monde soit sous les armes!

LADY PEKINBROOK.

C'est juste!... c'est juste! il faut à Sa Majesté une garde d'honneur!

TRUMBELL, à Marcel, lui donnant une carabine.

Prends ma carabine!

MARCEL, étonné.

Moi!

TRUMBELL.

N'aie pas peur... Elle n'est pas chargée... elle ne l'est jamais.

LADY PEKINBROOK, à Marcel.

Toi... en faction à cette porte!... Ta consigne est de rester ici... de présenter les armes à Sa Majesté... de ne laisser entrer personne sans son ordre ou le mien... et surtout de ne pas quitter ton poste... ou sinon passé au conseil de guerre... Présentez armes!... c'est bien!

(Marcel porte les armes à lady Pekinbrook, qui sort par le fond.)

SCÈNE XI.

MARCEL, en faction, TRUMBELL, causant avec lui.

TRUMBELL.

Eh bien! mon garçon!... voilà de fameux événements!

MARCEL, s'avançant vers lui.

Bien vrai?

TRUMBELL.

Reste donc à ton poste!... (Marcel se remet en faction.) Oui, mon enfant; je l'ai vu cette grande reine qui s'asseyait elle-même ici, sur cette chaise!

MARCEL.

Diable! je voudrais bien la voir aussi!

TRUMBELL.

Ça ne tardera pas! car elle est là, dans cet appartement, à sa toilette, avec ma nièce qu'elle a nommée demoiselle d'honneur.

MARCEL, s'avançant.

Pas possible!...

TRUMBELL.

Reste donc à ton poste! (Même jeu.) et moi, maître-d'hôtel du palais, baron de Berigoul!

MARCEL, étonné.

Vous?

TRUMBELL.

Comme tu vois! et je n'en suis pas plus fier!... A propos de ça, mon pauvre garçon, j'ai une mauvaise nouvelle à t'annoncer; tu ne peux plus épouser ma nièce!

MARCEL.

Pour quelles raisons?

TRUMBELL.

La reine ne le veut pas, ni nous non plus.

MARCEL.

A cause?...

TRUMBELL.

A cause de l'élévation de notre rang et de la bassesse du tien!...

MARCEL.

Vous!... un partisan de Cromwell... un puritain qui voulez l'égalité!

TRUMBELL.

C'est vrai!... je veux que tout le monde soit riche et grand seigneur!... voilà comme j'entends l'égalité, et comme tu n'as pas de celles-là...

MARCEL, avec colère.

Eh bien! par exemple!... (se reprenant.) Ce n'est pas tant pour la chose... car ça m'est égal d'être marié ou garçon... mais dire qu'en France et en Angleterre personne ne veut de moi à cause de ma fortune... il y a de quoi la prendre en haine!...

TRUMBELL.

Et elle est capable de te le rendre... Mais console-toi; la reine est excellente, et si tu lui demandes quelque chose, la moindre chose... d'être chevalier ou marquis, je suis sûr qu'elle te l'accordera!

MARCEL.

Je verrai.

TRUMBELL.

Et alors, sur-le-champ nous consentirons.

MARCEL.

Vous êtes bien bon... je vous remercie.

TRUMBELL.

C'est moi, qui te remercie de ta course de tout à l'heure, et de la lettre que tu m'as apportée.

MARCEL.

Il n'y a pas de quoi... La vieille gouvernante du shérif ne voulait pas me la rendre... mais moi j'ai dit: Il me la faut! mon oncle Trim Trumbell veut la ravoir... ou sinon!

TRUMBELL.

C'est bien!

MARCEL.

Ne vous fâchez pas, qu'elle m'a alors répondu... j'ai vu monsieur le shérif la mettre là, dans son tiroir... Elle l'en a retirée et me l'a donnée!

TRUMBELL, avec effroi.

Comment!... le shérif était donc rentré?...

MARCEL.

Oui, sans doute!

TRUMBELL.

Il l'aura lue?...

MARCEL.

Apparemment!...

TRUMBELL, fouillant dans sa poche, et en retirant la lettre.

En effet!... elle a été décachetée!... elle a été ouverte.

MARCEL.

Qu'est-ce que ça vous fait?... puisque vous l'avez.

TRUMBELL.

Ce qu'il m'importe!... Ah! mon Dieu!... que devenir?... Dis-moi, mon garçon...

MARCEL.

Je ne peux pas... Je vais à mon poste... N'entendez-vous pas?...

TRUMBELL, avec frayeur.

Miséricorde!... Qu'est-ce qu'il va arriver?

(On entend sonner les cloches. On tire le canon. On bat le Tambour. Les portes de l'appartement de droite s'ouvrent, ainsi que celles du fond. Marcel, qui s'est remis en faction, présente les armes à Francine, qui paraît en grande toilette de cour, se dirigeant vers la salle du fond en donnant la main à d'Elvas. Lady Pekinbrook vient d'ouvrir les portes du fond et paraît en tête de la noblesse. Tout cela sur une ritournelle très brillante.)

SCÈNE XII.

LADY PEKINBROOK, annonçant.

La reine, mesdames !...

(Au moment où Francine passe devant Marcel, il jette un cri, et son arme lui tombe des mains. Il fait un mouvement pour courir vers elle, mais d'Elvas, qui s'en aperçoit, entraîne Francine, et les portes du fond se referment vivement sur eux et sur leur suite.)

SCÈNE XIII.

MARCEL, seul, vivement ému.

Ah ! qu'ai-je vu, grands dieux !...
En croirai-je mon cœur ! en croirai-je mes yeux !

ROMANCE.

PREMIER COUPLET.

Est-ce elle ?... est-ce un songe, un prodige
Qui vient de m'apparaître ici ?...
Elle ! en ces lieux, ô doux prestige !
Ah ! pourquoi si vite as-tu fui !...
Mais cette parure si belle,
Cette pompe, cette grandeur,
Et puis cet air plein de froideur...

(avec tristesse.)

Je me trompais, ce n'est pas elle !
C'était un rêve de mon cœur !

DEUXIÈME COUPLET.

Est-ce elle qui, superbe et fière,
Passerait devant son ami,
Lorsque mon âme tout entière
Rien qu'à son approche a frémi !
Pourtant, j'ai vu sous la dentelle
Son trouble, et, je crois, sa rougeur...
Et puis son regard enchanteur !

(avec passion.)

Ah ! jamais pour une autre qu'elle
N'aurait ainsi battu mon cœur !...

(voyant les portes du fond s'ouvrir). On approche... la porte s'ouvre... Ah ! mon Dieu !...

(Il se remet vivement à son poste).

SCÈNE XIV.

MARCEL, en faction; FRANCINE, parlant au fond aux dames nobles qui sont entrées avec elle.

Je demande quelques instants de repos... Lady Pekinbrook voudra bien me remplacer... (à part et redescendant en scène). Enfin, j'ai pu me soustraire à la surveillance de monsieur le comte qui ne me quittait pas des yeux... et pendant qu'il allait donner des ordres pour le banquet... c'est très fatigant, mon état... surtout quand on n'en a pas l'habitude !... Ils sont tous à me demander des audiences particulières... (apercevant Marcel qui lui présente les armes.) en voilà un qui n'en demande pas et qui en a peut-être grande envie !...

DUO.

MARCEL, en faction.

Je n'ose !

FRANCINE, à part.

Il hésite !...

MARCEL.

Ah ! je tremble !

FRANCINE, de même.

Il a peur !

MARCEL.

Quel tourment !

FRANCINE.

Il s'approche !

MARCEL, inquiet, s'arrêtant.

Halte-là !

FRANCINE.

Quel malheur !

ENSEMBLE, à part.

Comme mon cœur palpite !
Serait-ce la frayeur !
Non... non... ce qui l'agite
Est plutôt du bonheur !

MARCEL, à part.

Quitter le poste que l'on garde,
Je le sais, est fort dangereux !

FRANCINE, à part.

Il ne vient pas...

(se détournant.)

Mais il regarde...

MARCEL, courant à elle.

O ciel ! voilà ses jolis yeux !

FRANCINE, d'un ton de princesse.

Que me veut cette sentinelle ?...

MARCEL, stupéfait.

Je me trompais... ce n'est pas elle !
Francine m'aurait reconnu !

FRANCINE, à part.

Pauvre Marcel ! qu'il est ému !
Eh bien ! il retourne à sa place !

(avec dignité.)

Approchez, mon garçon... Peut-être voulez-vous
Obtenir de moi quelque grâce !

MARCEL, à part, avec joie.

Ah ! voilà ses accents si doux !

FRANCINE, avec coquetterie.

Vous ferais-je peur ?...

MARCEL, venant à elle.

Au contraire...
C'est que... c'est que... malgré votre air sévère...

FRANCINE.

Eh bien !...

MARCEL.

Je crois voir !...

FRANCINE.

Quoi donc ?...

MARCEL, vivement.

Une coquette!... une ingrate!...

(s'arrêtant.)

Ah! pardon!

Mais Votre Majesté possède sa figure!

FRANCINE, feignant la surprise.

Moi!...

MARCEL.

Ses regards et sa tournure!

FRANCINE.

Vraiment?...

MARCEL.

Sa taille et ses attraits!

FRANCINE.

Vous riez?

MARCEL.

Enfin, dans vos traits

Chacun reconnaîtrait l'image...

FRANCINE.

De quoi!...

MARCEL.

De son doux et charmant visage!

FRANCINE, avec coquetterie.

Ah! vous croyez?...

MARCEL, avec passion.

Eh! tenez, maintenant,

Je trouve qu'en vous regardant...

C'est toi!... c'est vous!...

FRANCINE, sévèrement.

Arrêtez, insolent!...

ENSEMBLE.

MARCEL, à part.

Ah! je respire à peine!
Est-on plus fou que moi?
Aller prendre une reine
Pour l'objet de sa foi!

FRANCINE, à part.

Je gémis de sa peine!
Qu'il a d'amour pour moi!
Ah! que l'état de reine
Est un pénible emploi!

MARCEL, avec expression.

Pardonnez-moi, pardonnez-moi, madame!
J'ai grand tort... mais à votre aspect
Malgré moi j'éprouve en mon âme
Bien plus d'amour que de respect!
A vos genoux chacun implore
Votre rang, votre dignité!
Moi, c'est une autre que j'adore
Aux pieds de Votre Majesté.

ENSEMBLE.

MARCEL.

Ah! je respire à peine, etc.

FRANCINE.

Je gémis de sa peine, etc.

FRANCINE, s'oubliant peu à peu.

Vous l'aimez donc bien?

MARCEL, avec chaleur.

Si je l'aime!...

Ah! comme l'on n'aima jamais!

FRANCINE.

Mais qui sait... peut-être elle-même
Partage-t-elle vos regrets?

MARCEL.

Oh! non, non, c'est une volage!

FRANCINE.

Qui vous l'a dit?

MARCEL.

Hélas! mon cœur.

FRANCINE, vivement.

Vous vous trompez!

MARCEL.

Elle a, je gage,

D'autres amants!...

FRANCINE.

C'est une horreur!...

ENSEMBLE.

MARCEL, surpris, à part.

Mon Dieu! quel délire
Agite son cœur!
Le mien y croit lire
Son ancien bonheur!
Chaque mot m'enflamme;
Quel doux souvenir!
Et je sens mon âme
Renaître et mourir.

FRANCINE, à part.

Que viens-je de dire?
Quel trouble en son cœur!
Le mien y croit lire
Notre ancien bonheur!
Chaque mot m'enflamme;
Quel doux souvenir!
Ah! je sens mon âme
Renaître et mourir.

FRANCINE, à part, avec agitation.

Je n'y tiens plus!.. Quand il m'accuse,
Adieu le trône et la grandeur.

MARCEL, de même.

Est-ce mon amour qui m'abuse?
Est-ce encore une triste erreur?

FRANCINE, s'oubliant.

Marcel! pauvre Marcel!...

(s'arrêtant.)

Ciel! que viens-je de faire?

MARCEL, hors de lui.

Ah! voilà sa voix d'autrefois.

FRANCINE, à part.

Ici, tout est perdu!... ma dot et le mystère!

MARCEL, avec agitation.

Vous m'avez appelé?

FRANCINE, hésitant.

Tout à l'heure, je crois,

Le maître de ces lieux te nomma.

MARCEL, avec transport, tombant à genoux.

Cette fois,

Non, je ne rêve plus! c'est toi que je revois!

ENSEMBLE.

MARCEL.

Mon Dieu! quel délire, etc.

FRANCINE.

Que viens-je de dire? etc.

(Au moment où Marcel tombe aux pieds de Francine et lui prend la main, les portes du fond s'ouvrent, et d'Elvas, lady Pekinbrook, Simonne,

Trumbell, les seigneurs et les dames de Brigthon, les gens de la taverne, entrent à la fois, et tous s'arrêtent stupéfaits à cette vue.)

SCÈNE XV.

LES MÊMES, D'ELVAS, LADY PEKINBROOK, SIMONNE, TRUMBELL, SEIGNEURS, DAMES, VALETS et GENS DE LA TAVERNE.

FINAL.

TOUS, avec surprise.
Ciel! un homme aux pieds de la reine!

SIMONNE et TRUMBELL.
C'est Marcel!

D'ELVAS, courant à Francine, et bas.
Qu'as-tu fait?...
(haut.)
Je devine sans peine.
Cet homme, de quelque faveur
Rendait grâce à sa souveraine.

FRANCINE, souriant.
Oui, sans doute...
(à part.)
D'une faveur
Que j'allais faire de bon cœur.

D'ELVAS, bas à Francine.
Songe à la dot... sois plus fière.

TRUMBELL.
Attendez! attendez! j'y suis...
Peut-être on le nommait marquis?

D'ELVAS.
C'est cela!

FRANCINE.
Laissez donc... marquis! la belle affaire!
Je veux le nommer duc!

TOUS.
Ah! pour lui quel honneur!

MARCEL, tristement, et la regardant.
Mon Dieu! c'était donc une erreur.

TRUMBELL, à Marcel.
Ah! puisqu'ainsi que nous te voilà grand seigneur,
Plus d'obstacle à ton mariage.

FRANCINE, à d'Elvas.
Comment! que dit-il donc?

TRUMBELL, à Marcel.
Ma nièce est à toi.

FRANCINE, avec un dépit concentré.
Mais du tout!

TRUMBELL.
Leur bonheur est ici votre ouvrage.

FRANCINE, à part.
Qu'entends-je?...
(à d'Elvas.)
De colère j'enrage.
A moi seul il promit sa foi!...

LE CHŒUR, montrant Francine.
Ah! qu'elle est bonne! ah! qu'elle est belle!
A chaque instant un doux bienfait
Récompense un ami fidèle
Et lui gagne un nouveau sujet!

SCÈNE XVI.

LES MÊMES, UN SHÉRIF, suivi DE SOLDATS.

LE SHÉRIF, aux soldats.
Emparez-vous de cette porte!
Au nom du parlement
Que personne ne sorte!

TOUS, avec effroi.
Ah! grand Dieu! quel événement!

D'ELVAS, à part, avec joie.
A la bonne heure donc!... il s'est bien fait attendre!
Mais il vient à propos.

LE SHÉRIF, à Francine.
Que Votre Majesté
Ici daigne m'entendre...

D'ELVAS, avec dignité.
Non, monsieur!... pas un mot!... à votre autorité
Il faut malgré nous satisfaire!
Qu'exigez-vous de nous?

LE SHÉRIF.
Au château de Brigthon
Vous nous suivrez tous deux.

TOUS, consternés.
Notre reine en prison!...

FRANCINE, avec fermeté.
Je n'obéirai pas à cet ordre sévère!

TOUS, avec chaleur.
Comptez sur nous!... nous vous protégerons!
Pour vous défendre nous mourrons!
Justice! vengeance,
Contre nos tyrans!
C'est trop de souffrance!
C'est trop de tourments!
Pour notre princesse,
Fidèles sujets,
Tous nos bras sans cesse
Ici seront prêts!

FRANCINE, d'un mouvement spontané.
C'en est trop!... calmez votre peine;
Apprenez tout... je ne suis pas la reine!...

TOUS, avec étonnement.
Que dit-elle?...

FRANCINE, montrant d'Elvas.
Et monsieur le comte d'Elvas
Vous le certifiera!...

D'ELVAS, avec hypocrisie.
Certes! je n'ose pas
Vous démentir, madame... Ordonnez!... je vais dire
Tout ce que vous voudrez!...

FRANCINE, à d'Elvas avec colère.
Mais c'est mille fois pire!...

TOUS, montrant d'Elvas.
Le maladroit!...

LE SHÉRIF, à Francine.
Pour cacher votre rang
Il est trop tard!...

FRANCINE, à part.
Dieu! que faire à présent!
(regardant Marcel et Simonne.)
En prison!... et l'on va les marier peut-être!

LE SHÉRIF, à Francine.
Daignez me suivre!...

(aux seigneurs.)
Et pas de violence!...

D'ELVAS, de même.

La reine vous défend de faire résistance!
Mais vous la vengerez plus tard!..

TOUS.

Nous le jurons!

D'ELVAS, à Francine.

Allons, madame... obéissons!...

CHŒUR GÉNÉRAL.

Ah! quel désespoir!... notre reine
Est ainsi ravie à nos yeux!...
Mais pour vous, noble souveraine,
Nos cœurs feront plus que des vœux!

FRANCINE, à d'Elvas, à part, avec colère.

En prison!... c'est une infamie!...
Me laisser reine malgré moi!

D'ELVAS, bas, à Francine.

Tu dois avoir, ma chère amie
Toutes les charges de l'emploi!

ENSEMBLE.

LE CHŒUR.

Ah! quel désespoir! notre reine
Est ainsi ravie à nos yeux!
Mais pour vous, noble souveraine,
Nos cœurs feront plus que des vœux!

FRANCINE, à part, regardant Marcel.

Que je suis lasse d'être reine!
Et que je voudrais, à ses yeux,
Cesser l'état de souveraine,
Et combler ici tous ses vœux!

MARCEL, à part.

Je doute encor si c'est la reine!
Car, hélas! mon cœur amoureux
Ne sait plus, dans sa vive peine,
A qui son cœur offre ses vœux!

(D'Elvas donne la main à Francine, que précède le shérif, et qu'entourent les soldats. Lady Pekinbrook se précipite vers Francine, et baise avec transport le bas de sa robe. Francine jette un regard d'adieu à Marcel. Tous agitent leurs chapeaux en l'air, en s'écriant :)

Vive la reine!...

TABLEAU.

ACTE TROISIÈME.

Un appartement royal. Alcôve au fond, avec rideaux de velours; porte à droite et fenêtre à gauche, avec des rideaux pareils; portes à droite et à gauche de l'alcôve.

SCÈNE I.

FRANCINE, seule.

AIR.

Captive en ce palais!
Ah! quels ennuis! ah! quels regrets!..
Mon doux pays, ma belle France!
Toujours vers toi vole mon cœur!
Je t'ai laissé mon espérance,
Et mon repos et mon bonheur!
Pauvre reine de circonstance,
Je n'ai ni grandeur ni puissance,
Et ne connais que la douleur!

Mais quand ici tout m'abandonne,
Quand je gémis du poids d'une couronne
Dont le fardeau pèse sur moi,
Un seul ami me reste encore!
Et dans ton tendre cœur qui pour toujours m'adore,
Mon bon Marcel, le mien à toi!

Ami doux et tendre,
Qui fus tout pour moi,
Si tu peux m'entendre,
Et jusques à toi
Si ma voix s'élance,
Elle te dira
Que la souvenance
Reste toujours là!

SCÈNE II.

FRANCINE, D'ELVAS.

D'ELVAS, entrant par la gauche.

Eh bien! tu dois être contente!... Te voilà traitée avec tous les égards dus à ton rang... te voilà installée dans le château royal de Brighton...

FRANCINE.

D'où nous ne pouvons pas sortir...

D'ELVAS.

Qu'importe?... Tu as de beaux meubles et des appartements dorés.

FRANCINE.

La belle avance, quand on est en prison!

D'ELVAS.

Plus ou moins toutes les reines en sont là... et tu as comme elles un entourage, une cour, des gens pour te servir... Tu vas t'asseoir à une table royale qui ne te déplait pas... car tu es gourmande... j'ai vu ça!..

FRANCINE.

La première fois, je ne dis pas!... mais dîner seule... c'est ennuyeux... ça ôterait l'appétit...

D'ELVAS.

Ta dignité royale le veut.

FRANCINE, avec impatience.

Est-ce que cette dignité-là ne va pas bientôt finir?

D'ELVAS.

Je l'ignore... Enfermé comme toi, je n'ai pas de nouvelles... Tout ce que je sais... c'est que les autorités de Brighton sont plus embarrassées que nous... elles ne savent que faire de nos personnes et attendent des ordres supérieurs qui n'arrivent pas.

FRANCINE, d'un ton décidé.

Qu'ils s'arrangent... je n'attends pas davantage... et aujourd'hui même j'abdique!...

D'ELVAS.

Tu crois ça?... Tu aurais beau dire maintenant, tu ne persuaderais personne... et que tu le veuilles ou non, il faut que tu sois reine.

FRANCINE, avec colère.

C'est une indignité!... c'est une trahison!... car enfin, si pendant ce temps-là Marcel se marie... qu'est-ce que je ferai de ma fortune?

D'ELVAS.

Silence!... Voici peut-être des nouvelles qui nous arrivent.

SCÈNE III.

LES MÊMES, TRUMBELL.

D'ELVAS, voyant entrer Trumbell.

Eh! c'est notre fidèle serviteur!... notre ami, notre allié, le baron Trumbell de Berigoul!

TRUMBELL.

Taisez-vous donc!... je ne suis plus noble!...

D'ELVAS, riant.

Déjà?

TRUMBELL.

Je suis presbytérien, puritain, Tête-Ronde, tout ce qu'on voudra, pour vous sauver et moi aussi.

D'ELVAS.

Comment cela?

TRUMBELL.

Vu mon dévouement reconnu, ils m'ont nommé président du conseil qui se tient tous les jours...

D'ELVAS.

Et qu'avez-vous décidé?

TRUMBELL.

Rien encore... Ils font tous des motions... c'est à ne s'y pas reconnaître... Ces gaillards-là, mes anciens compagnons, tous soldats de Cromwell, ont si mauvais ton, de si mauvaises manières!... pour moi surtout, qui suis fait maintenant à celles de la cour... Ils ne parlent que de piller et de tuer!...

FRANCINE, effrayée.

Ah! mon Dieu!

TRUMBELL.

Comme autrefois... mais ils ont beau crier: « Mort aux tyrans! et vivent nous!... » personne ne leur dit le contraire... personne ne répond... et ça leur fait peur... Aussi, en attendant qu'il leur arrive de Londres un parti à prendre, ils ont décidé que nous vous ferions subir un interrogatoire.

D'ELVAS.

Ça ne peut faire de mal!

TRUMBELL.

Oui, mais comme président du conseil, c'est moi qui dois vous interroger... et, je vous le demande, qu'est-ce que je vais vous demander?... et qu'est-ce que vous allez me répondre?...

D'ELVAS.

Nous verrons, quand nous y serons, à faire de notre mieux.

TRUMBELL.

On va venir vous chercher pour vous traîner devant le grand conseil, et je suis accouru vous prévenir.

D'ELVAS.

Je te remercie.

TRUMBELL.

Pour que vous ne disiez rien qui puisse me compromettre.

D'ELVAS.

Et que peux-tu craindre... toi qui as toujours été dans les puritains et les Têtes-Rondes?

TRUMBELL, tremblant.

J'ai été dans les Têtes-Rondes, c'est vrai... mais je n'ai jamais été dans les têtes fortes!... (à voix basse, lui montrant les soldats qui paraissent.) Les voici... prenez garde!... (haut aux soldats.) Qu'on emmène ce traître!... (bas à d'Elvas.) Je vous demande bien pardon!...

D'ELVAS, riant.

Il n'y a pas de quoi!... (aux soldats.) Je suis à vous.

(Il sort par le fond, à gauche, avec les soldats.)

SCÈNE IV.

TRUMBELL, FRANCINE.

TRUMBELL, respectueusement.

En attendant, et comme mes fonctions de magistrat n'empêchent point celle de maître-d'hôtel, je viens savoir si Votre Majesté veut dîner.

FRANCINE.

Moi?

TRUMBELL.

Ça occupe toujours quelques instants de la royauté, et je vais...

FRANCINE.

Un moment.

TRUMBELL.

Comme Votre Majesté voudra; mais le pudding sera froid, et cela fait du tort à un cuisinier.

FRANCINE, avec impatience.

Eh! qu'importe!... (avec embarras.) Dites-moi, depuis que je suis dans cette belle prison, Marcel, ce Français, a-t-il épousé votre nièce?

TRUMBELL.

Pas encore!... (Francine fait un geste de joie.) Les événements politiques ont suspendu ce mariage, dont le prétendu ne veut plus entendre parler en ce moment.

FRANCINE.

C'est bien!... Et votre nièce?

TRUMBELL.

Est décidée à se marier avec lui ou avec d'autres; car les partis ne manquent pas. Par ma position dans les deux opinions... il m'en arrive de toutes les couleurs.

FRANCINE.

Et Simonne, pourrais-je au moins la voir?

TRUMBELL.

Je le voudrais de grand cœur; mais ça n'est pas permis.

FRANCINE.

Je ne peux donc voir personne?

TRUMBELL.

Si vraiment!... Le conseil a décidé que les premières dames de la ville feraient le service auprès de Votre Majesté: les comtesses d'Ethel et de Winchester, et lady Pekinbrook.

FRANCINE.

Dieu! que celle-là m'ennuie!

TRUMBELL.

On a décidé aussi que jusqu'à votre départ pour Londres...

FRANCINE, vivement.

Nous partons donc?... Et quel jour?

TRUMBELL.

On l'ignore; mais jusque-là, Votre Majesté ne sortira pas de cet appartement.

FRANCINE, à part.

Mais c'est pire que la mort!... et au prix de ma fortune je renonce à la royauté.

TRUMBELL, à voix haute, à la cantonade.

Le dîner de Sa Majesté!

FRANCINE.

Eh! non; ce n'est pas cela dont il s'agit! Trumbell! vous êtes un dévoué et fidèle serviteur.

TRUMBELL.

Tout le monde vous le dira.

FRANCINE.

Eh bien!... allez déclarer au conseil la vérité tout entière...

TRUMBELL.

Parlez!... Quelle est-elle?

FRANCINE.

Je vous jure, je vous atteste que je ne suis pas la reine.

TRUMBELL, secouant la tête.

Mauvais moyen, madame... que je n'oserais même conseiller à Votre Majesté.

FRANCINE.

Quand je vous répète...

TRUMBELL.

Je le dirai si vous le voulez; mais ça ne réussira pas... Le comte d'Elvas a tout avoué; la ville entière vous a reconnue... D'ailleurs, tout vous trahit: ces airs de noblesse et de grandeur... (voyant les portes s'ouvrir.) Voici le dîner de Sa Majesté.

SCÈNE V.

LES MÊMES, LADY PEKINBROOK, PLUSIEURS DAMES NOBLES de Brigthon, VALETS, apportant une grande table au milieu de laquelle est placé un seul couvert.

(Lady Pekinbrook et les dames sont debout près d'elle. Des soldats puritains ont escorté le déjeuner et restent au fond. Trumbell prend les plats des mains des valets qui les apportent, et comme maître-d'hôtel les met sur table.)

FRANCINE, à elle-même, sur le devant du théâtre.

Quel ennui! seule à cette grande table, et tout le monde qui vous regarde. Moi, d'abord, je ne peux rien faire quand on me regarde... (La symphonie qu'on exécute à l'orchestre depuis le commencement de cette scène se termine quelques instants après que Francine a été s'asseoir à la table.) Et la musique maintenant!...Toujours des dîners en musique!

(Francine va prendre place à table.)

LADY PEKINBROOK, s'apprêtant à servir Francine.

Servirai-je à Votre Majesté de cette gelée?

FRANCINE.

Non.

LADY PEKINBROOK.

De ce faisan doré?

FRANCINE.

Non.

TRUMBELL.

Ou de ces puddings? car je me flatte que rien n'y manque!

FRANCINE.

Rien que l'appétit!... (à part.) Ah! quand j'étais grisette, que je n'avais pas de quoi déjeuner... pas même pour un... et que nous étions deux... Quel plaisir!... c'était là le bon temps!... Et ce pauvre Marcel... (Elle l'aperçoit qui apporte un plat qu'il pose sur la table.) Dieu! c'est lui!

(Elle se lève vivement.)

TRUMBELL.

Votre Majesté a fini?

FRANCINE, avec humeur.

Eh! non; je n'ai pas commencé... (Elle se rassoit et regarde Marcel, à part.) Comme ils l'ont affublé! Le voilà en écuyer tranchant, et c'est lui qui met sur table... (à Trumbell, lui désignant quelques plats qu'on vient d'apporter.) Qu'est-ce que c'est que ça?...

TRUMBELL.

Le second service.

FRANCINE.

Faites-moi le plaisir de me laisser tranquille! (Trumbell s'incline.) Qu'il a l'air malheureux!... et ne pouvoir seulement ouvrir la bouche pour lui parler.

(Elle se met à manger vivement et avec dépit.)

MARCEL, bas, à lady Pekinbrook.

Un homme déguisé vient d'arriver, apportant pour le comte d'Elvas un message important qui concerne sans doute la reine... Il ne savait comment le lui faire parvenir; je m'en suis chargé... et le voici.

(Il le lui glisse dans la main.)

LADY PEKINBROOK, bas, à Marcel.

C'est bon!.. va-t-en.

FRANCINE, se levant vivement.

Il s'en va!

TRUMBELL.

Qu'est-ce donc?

FRANCINE.

Je n'ai plus faim.

TRUMBELL, faisant signe aux valets de desservir.

Sa Majesté n'a plus faim.

FRANCINE, vivement.

Je veux dîner seule.

LADY PEKINBROOK.

Que tout le monde se retire!...

(Tout le monde s'éloigne et l'on referme les portes.)

FRANCINE, à part, regardant lady Pekinbrook qui lui fait des signes d'intelligence.

Qu'est-ce qu'elle me veut donc avec ses signes?

SCÈNE VI.

FRANCINE, LADY PEKINBROOK.

LADY PEKINBROOK, avec mystère.

Madame!.. madame.

FRANCINE.

Qu'est-ce donc?...

LADY PEKINBROOK.

Une lettre de Marcel!

FRANCINE, vivement.

De Marcel!.. donnez vite.

LADY PEKINBROOK.

Une lettre pour le comte d'Elvas et Votre Majesté, un message des plus importants!

FRANCINE, froidement.

Ah! c'est bien!... Lisez!... lisez!... Que me disiez-vous donc de Marcel?

LADY PEKINBROOK.

Qu'il s'est exposé pour vous la faire parvenir.

FRANCINE, à part.

Ce pauvre garçon!... Ah! si j'étais reine pour de vrai!.. (haut.) Eh bien! milady... avez-vous lu?...

LADY PEKINBROOK.

Je n'oserais... une lettre particulière et secrète qui ne regarde sans doute que Votre Majesté...

FRANCINE.

N'importe!... lisez!

LADY PEKINBROOK.

Confiance honorable dont je sens tout le prix; mais je voudrais en profiter que je ne le pourrais pas.

FRANCINE.

Et pourquoi?

LADY PEKINBROOK, avec embarras.

Votre Majesté doit le deviner.

FRANCINE, à part.

Non, ma foi!... et à moins que ce ne soit une duchesse qui ne sache pas lire... ça serait drôle!... (haut.) Donnez donc, milady.

SCÈNE VII.

LES MÊMES, LE SHÉRIF, TRUMBELL et plusieurs soldats puritains qui sont entrés pendant la fin de la scène précédente. Le shérif s'est avancé doucement entre les deux femmes qui ne l'ont pas vu, malgré les gestes que faisait Trumbell pour les prévenir.

LE SHÉRIF, s'avançant et prenant la lettre.

Non, madame.

LADY PEKINBROOK et FRANCINE, stupéfaites.

O ciel!...

LE SHÉRIF.

J'en demande pardon à Votre Majesté... mais je dois avant tout prendre connaissance des complots qui se trament contre nous.

LADY PEKINBROOK, à part.

Il va tout savoir!...

TRUMBELL, à part.

Tout est perdu!

LE SHÉRIF, jetant les yeux sur la lettre.

O ciel!... Impossible d'y rien reconnaître... c'est en espagnol ou en portugais.

LADY PEKINBROOK.

C'est ce que je me disais!

FRANCINE, à part.

C'est donc cela!

LE SHÉRIF.

Nous espérons, madame, que Votre Majesté daignera nous expliquer elle-même ce que contient cette lettre.

FRANCINE, avec dignité.

Moi! monsieur? vous ne me connaissez pas... je n'en dirai pas un mot, pas un seul.

LADY PEKINBROOK, avec enthousiasme.

Noble fermeté, noble courage!

LE SHÉRIF.

C'est nous avouer alors que ce complot menace la sûreté de la nation... qu'ici peut-être l'on va tout mettre à feu et à sang!... que c'est sans doute contre nous tous un arrêt de proscription!... Songez-y bien, madame; votre obstination à vous taire peut compromettre votre sûreté et celle de tous les vôtres.

LADY PEKINBROOK, avec instance à Francine.

Parlez, madame, parlez! De pareilles brutes sont capables de tout.

FRANCINE, avec fermeté.

J'ai dit que je ne lirais pas cette lettre pour des raisons qui subsistent toujours... mais je permets au comte d'Elvas de vous en donner connaissance... (à part.) Par ce moyen, du moins, il saura ce qu'elle renferme et moi aussi... (d'un ton d'autorité.) Allez!

LE SHÉRIF.

J'y vais moi-même... (montrant lady Pekinbrook aux soldats.) Qu'on éloigne cette femme... (Mouvement d'effroi de lady Pekinbrook; à Francine.) Et vous, madame, veuillez rentrer dans votre appartement.

FRANCINE, bas et vivement à Trumbell.

Je serai là... l'oreille au guet...

(Francine rentre dans son appartement à droite.)

LE SHÉRIF, à Trumbell.

Trumbell!... veillez sur elle!... (aux soldats.) Vous autres, attendez-moi... je reviens.

(Le shérif sort emportant la lettre. On emmène lady Pekinbrook par le fond à gauche.)

SCÈNE VIII.

TRUMBELL et LES SOLDATS, se regardant entre eux et se consultant à demi-voix.

LES SOLDATS.

Attendre en ces lieux, nous!
Amis, qu'en dites-vous?

(apercevant la table qui est restée dressée et s'y précipitant avec explosion.)

CHŒUR.

Ma foi! le verre en main,
Asseyons-nous soudain
A ce royal festin;
Amis, c'est notre vin!
Nos sabres sont nos lois.
Moi, je connais mes droits;
Sans façon je m'assois
A la table des rois

TOUS.

C'est à Richard qu'il nous faut boire...

TRUMBELL.

Je n'ai pas soif.

TOUS.

Au protecteur!

TRUMBELL, voulant les calmer.

Messieurs, messieurs!

TOUS.

A sa victoire, à sa grandeur!

TRUMBELL, de même.

Messieurs, messieurs!

(à part.)

Je meurs de peur!

TOUS, à Trumbell.

Tu ne bois pas?

TRUMBELL.

Je n'ai pas soif.

(à part.)

Je tremble, hélas!
Que Sa Majesté ne m'entende!

TOUS.

Alors, pour toi nous boirons tous.

TRUMBELL.

Grand merci!

TOUS.

Chante alors pour nous.

TRUMBELL, tremblant.

Qui? moi! messieurs?

TOUS.

L'on te demande
Une chanson... ce chant qui courut le pays,
Quand Cromwell eut chassé tous ces Stuarts maudits.

TRUMBELL, hésitant.

Le vaillant puritain?

TOUS.

Chante, c'est cela même.

TRUMBELL, tremblant.

Avec plaisir.

(à part.)

O trouble extrême!
La république et le trône en ces lieux...
Comment rester l'ami de tous les deux?

CHANT NATIONAL.

PREMIER COUPLET.

Le vaillant puritain,
Défenseur de l'Église,
Ne connaît qu'un refrain,
Quand son fer il aiguise,
Pour combattre soudain:
(baissant la voix.)
Enfants de l'Angleterre,
Chassons les grands et les puissants!
Le peuple est roi sur terre...
Vivent les saints! mort aux tyrans!

CHŒUR, à Trumbell, avec colère.

Chanter si mal un chant si beau!
Ah! certes, voilà du nouveau!

ENSEMBLE.

LE CHŒUR, avec force.

Enfants de l'Angleterre,
Chassons les grands et les puissants!
Le peuple est roi sur terre!
Vivent les saints! mort aux tyrans!

TRUMBELL, à part.

Je tremble... Leur colère
Me compromet... Quels maudits chants!

Je voudrais à cent pieds sous terre
Me cacher à ces mécréants.

UN SOLDAT, à Trumbell.

Voyons l'autre couplet... Mais surtout celui-là,
Qu'on l'entende de loin!

TRUMBELL à part.

C'est justement cela
Que je veux éviter.

CHŒUR, remplissant leurs verres.

Chante donc!

TRUMBELL.

M'y voilà.

DEUXIÈME COUPLET.

Le vaillant puritain
Peut pécher à son aise;
Car du bon Dieu soudain
Tout le courroux s'apaise
Au chant de son refrain;
(baissant la voix.)
Enfants de l'Angleterre...

CHŒUR.

Plus fort!

TRUMBELL, de même.

Chassons les grands et les puissants...

CHŒUR.

Plus fort!

TRUMBELL, un peu plus haut.

Le peuple est roi sur terre...

CHŒUR, avec colère.

Plus fort! plus fort!

TRUMBELL, à tue-tête, en tremblant.

Vivent les saints!
(à part.)
Mort aux tyrans!..

ENSEMBLE.

LE CHŒUR.

Enfants de l'Angleterre, etc.

TRUMBELL.

Je tremble! Leur colère, etc.

CHŒUR.

Chanter si mal un chant si beau!
Ah! certes, voilà du nouveau!

ENSEMBLE.

CHŒUR, avec force.

Enfants de l'Angleterre, etc.

TRUMBELL, à part.

Je tremble! Leur colère, etc.

UN SOLDAT, aux autres.

A Londres, et sous bonne escorte,
Nous conduirons la reine, et voilà le danger;
Si sa cause triomphe et devient la plus forte,
Elle pourra de nous tous se venger...
Il vaudrait mieux...

CHŒUR.

Quoi donc?

UN SOLDAT.

Qu'elle fût morte!

CHŒUR, avec force; TRUMBELL, à part, tremblant.

Morte!

(Ils boivent.)

LE SOLDAT, à demi-voix.

Ce soir, à la nuit,
Sans bruit...

CHŒUR, répétant.

Ce soir, à la nuit,
Sans bruit...

LE SOLDAT.

Lorsque viendra l'ombre
Sombre...

CHŒUR.

Lorsque viendra l'ombre
Sombre...

LE SOLDAT.

Et l'heure du couvre-feu.
Morbleu!

CHŒUR.

Et l'heure du couvre-feu.
Morbleu!

LE SOLDAT.

Nous introduisant sans peine
Ici!

CHŒUR.

Nous introduisant sans peine
Ici!

LE SOLDAT, avec force.

Saisissons la reine!
Et pas de merci!..

CHŒUR, de même.

Saisissons la reine!
Et pas de merci!

TRUMBELL, à part, pendant qu'ils boivent.

Je tremble, je tremble!
Je suis mort de peur!
Tout cela me semble
Un rêve d'horreur!

CHŒUR, trinquant.

A Richard, à tous nos projets!
A la patrie! aux vrais Anglais!

ENSEMBLE.

CHŒUR, reprenant le chant national.

Enfants de l'Angleterre,
Chassons les grands et les, etc.

TRUMBELL, à part.

Grand Dieu! quel projet sanguinaire!
Les scélérats! quels maudits chants!

(Un peu avant la fin de cette scène, des valets sont entrés et ont emporté la table par le fond à gauche; ils sortent tous emmenant Trumbell et en adressant des gestes de menaces vers l'appartement occupé par Francine. La nuit commence à venir.)

SCÈNE IX.

FRANCINE, seule, sortant de sa chambre, pâle et tremblante.

Je suis morte de peur!... A peine si j'ai eu la force de les écouter jusqu'au bout... Quelle horreur et quel affreux complot!... C'est qu'il ne s'agit pas moins que de me tuer!... Me tuer!!! Régner pour une autre, passe encore!... quoique ça ne soit guère amusant... mais mourir pour elle... Il faut me sauver!... mais par où... Ce vilain château dont je connais à peine les êtres!...

(On entend fermer les verrous des portes. Francine, avec un cri d'effroi.) Ah! mon Dieu!... ils m'enferment à présent... C'en est fait!... ils ne veulent pas que j'en réchappe!... Bientôt ils vont revenir à l'heure du couvre-feu. C'est leur signal... ils l'ont dit... (avec un trouble croissant.) Et je suis seule!... Personne pour me défendre!... Et cette affreuse obscurité qui augmente encore ma terreur!... Je crois à chaque instant les voir paraître. (On entend frapper aux carreaux de la croisée.) O ciel!... les voilà... je suis perdue!!!

SCÈNE X.

FRANCINE, MARCEL.

MARCEL, en dehors.

C'est moi, Marcel!...

FRANCINE, avec agitation, courant ouvrir la fenêtre.

Marcel! lui!... mon seul ami... qui vient à mon secours!...

MARCEL, avec chaleur et jetant par terre un paquet qu'il tient à la main.

Oui... oui... je viens pour te sauver!...

DUO.

FRANCINE, avec une vive expression.

Ah! mon ami! que je te remercie!

MARCEL, avec âme.

Quand je devrais donner ma vie,
Je saurai t'arracher à cet horrible sort!

FRANCINE.

Sais-tu qu'il s'agit de la mort?

MARCEL.

Raison de plus... Allons! courage!

FRANCINE.

Je n'en ai plus!...

MARCEL.

Moi, guère davantage!
Mais voilà les moyens de fuir!
(montrant le paquet qu'il a jeté près de la croisée.)
Je vous apporte une toilette!

FRANCINE, vivement.

Une toilette!

MARCEL.

De grisette...
Avec ces beaux atours, impossible de fuir!

FRANCINE.

Puisse le ciel en ce jour te bénir!

ENSEMBLE.

MARCEL.

Écoute, ô ma reine chérie!
Ce que me dicte mon effroi...
Dépêchons-nous, je t'en supplie!
Si tu m'aimes, viens avec moi!

FRANCINE.

Ah! combien je te remercie!
Je sens calmer mon effroi...
Lui seul songeait à son amie!
Lui seul est fidèle à sa foi!

FRANCINE.

Il faut donc, pour cacher ma fuite...

MARCEL.

Quitter d'abord ces beaux habits!...

FRANCINE, avec embarras.

Mais devant toi, je ne le puis...
Je n'ose pas...

MARCEL, avec anxiété.

Dieu!... elle hésite!
Quand il s'agit de son trépas!

FRANCINE, vivement.

Non... non... mais ne regardez pas!
(Elle va prendre le paquet contre la croisée et s'élance vers l'alcôve, dont elle ferme les rideaux.)
Bien sûr! vous ne regardez pas!...
(Elle disparaît)

MARCEL, avec impatience.

Eh! non... je ne regarde pas!
(s'avançant au bord du théâtre.)
Pour sauver ma gentille amie
Je voudrais donner mes jours!
Ou reine, ou grisette jolie,
A toi seule mes amours!
La couronne
Qu'on te donne,
Est pour moi
Bien moins que toi!
Pour sauver ma gentille amie
Je voudrais donner mes jours!
Ou reine, ou grisette jolie,
A toi seule mes amours!
(s'avançant près de l'alcôve.)
Eh bien! enfin... cette toilette?...

FRANCINE, derrière les rideaux.

Ah! monsieur, ne regardez pas...
Dans un instant je serai prête!

MARCEL, écoutant près de la porte.

Je croyais entendre leurs pas!

FRANCINE, sortant de l'alcôve habillée en grisette.

Eh bien! me voici!...

MARCEL, étonné.

C'est bien elle...
Comme autrefois... ah! qu'elle est belle!...

FRANCINE, à Marcel qui l'admire.

Eh! monsieur, ne regardez pas!...
Et partons!

MARCEL.

Partons!... oui, sans doute...
Par ce balcon...
(montrant la fenêtre par laquelle il est venu)

FRANCINE, avec crainte.

Par cette route?...

MARCEL.

Il le faut bien!

FRANCINE.

Je ne pourrai jamais!
Trente pieds, pour le moins!

MARCEL.

Oui, mais cet arbre, auprès...
(montrant l'arbre qui étend ses branches sur le balcon.)
En se laissant glisser...

FRANCINE.

Vous... un marin peut-être!
Mais moi, mais une femme!...

MARCEL.
Ah! de cette fenêtre...
En ôtant les rideaux!...

FRANCINE, effrayée.
Oh! non pas!
J'aurais trop peur!...

MARCEL, écoutant.
Tais-toi!... silence!
Sur l'escalier j'entends leurs pas!
(On entend sonner le couvre-feu.)
Le couvre-feu... plus d'espérance!

FRANCINE, au comble de la frayeur.
Ils nous apportent le trépas!...

ENSEMBLE.

MARCEL, avec expression.
Viens sur mon cœur, ô mon amie!
Malgré leurs sinistres desseins,
Mon bras saura sauver ta vie
Et t'arracher aux assassins!

FRANCINE, avec abandon.
De ton amour dépend ma vie!
Toi seul peux braver leurs desseins!
Préserve-moi de leur furie
Et sauve-moi des assassins!

(Marcel et Francine, dans le dernier trouble, cherchent à se sauver par la porte à droite, des soldats puritains leur barrent le passage avec des gestes menaçants; ils vont pour se réfugier vers la croisée à gauche, quand paraissent également de ce côté des soldats dans la même attitude. Au même instant les portes du fond s'ouvrent tout à coup; des flots de lumière éclairent le théâtre devenu sombre pendant la scène précédente, et l'on voit paraître d'Elvas entouré de puritains chapeaux bas, et suivi de lady Pekinbrook, des seigneurs et dames nobles de Brigthon, de Trumbell, du shérif et des valets.)

SCÈNE XI.

LES MÊMES, D'ELVAS, LADY PEKINBROOK, SEIGNEURS et DAMES NOBLES de Brigthon, TRUMBELL, LE SHÉRIF, VALETS et SOLDATS PURITAINS.

D'ELVAS, aux soldats puritains, au shérif.
Arrêtez tous!... que faites-vous!...

D'ELVAS.
La dépêche importante
Que vous m'avez forcé de vous lire à l'instant
M'annonce que du roi la cause est triomphante!
Ses droits sont reconnus par votre parlement!
Charles Deux, entouré de sa cour souveraine,
Entre à Londre à l'instant avec la jeune reine
Son épouse!

TOUS, stupéfaits, montrant Francine.
Comment, la reine?... la voici!...

D'ELVAS, riant.
Chacun reprend son rang, et cette reine-ci,
Francine Camusat, la reine des modistes!...

TOUS, avec étonnement.
Est-il vrai?...

FRANCINE, riant
J'abdique! Dieu merci!

MARCEL, la pressant sur son cœur.
Et nous n'en sommes pas plus tristes!...

LADY PEKINBROOK, furieuse.
Quel affront pour ma dignité!

D'ELVAS, à lady Pekinbrook.
Vous n'en avez pas moins servi Sa Majesté
Sans le savoir... et je vais le lui dire...

FRANCINE.
Je ne suis plus rien... je respire!...

D'ELVAS, lui remettant un portefeuille.
Si fait!... tu seras riche... et ta dot, la voilà!...

FRANCINE, avec transport montrant sa dot.
Ah! quel plaisir!... Avec cela,
Pour jamais consacrant un règne
A qui je dois le bonheur et l'amour,
J'achète un magasin... et je prends pour enseigne
A la reine d'un jour!

CHŒUR GÉNÉRAL.

Vive à jamais ce joli règne
Qui finit par un doux amour!
Puisse chacun, attiré par l'enseigne,
Aller voir la reine d'un jour!

FIN DE LA REINE D'UN JOUR.

BIBLIOTHÈQUE ROYALE

IMPRIMERIE DE E. DUVERGER, RUE DE VERNEUIL, N° 4.

www.ingramcontent.com/pod-product-compliance
Ingram Content Group UK Ltd.
Pitfield, Milton Keynes, MK11 3LW, UK
UKHW032023260826
14628UKWH00006B/2687

9 782019 689865